Erich Mühsam

Schriften der

Erich-Mühsam-Gesellschaft

Heft 28

„Eingesperrt sind meine Pläne
namens der Gerechtigkeit."

*Politische Haft, Folter, Todesstrafe:*
*Erich Mühsam und andere*

EMG 2007

Gefördert durch die Arbeitsgemeinschaft literarischer Gesellschaften und Gedenkstätten (Berlin) aus Mitteln der Beauftragten der Bundesregierung für Angelegenheiten der Kultur und der Medien, der Hansestadt Lübeck (Bereich Kultur), des Landes Schleswig-Holstein und der Possehl-Stiftung Lübeck

| | |
|---|---|
| Herausgeberin: | Erich-Mühsam-Gesellschaft e. V., Lübeck |
| Redaktion: | Jürgen-Wolfgang Goette, Sabine Kruse |
| © : | Erich-Mühsam-Gesellschaft 2007; |
| | für die einzelnen Beiträge bei den Autoren und Autorinnen |
| Textverarbeitung: | Gerda Vorkamp, Lübeck |
| Herstellung: | Books on Demand GmbH, Norderstedt |
| ISSN: | 0940-8975 |
| ISBN: | 978-3-931079-37-6 |
| Preis: | 12,50 € |

| | |
|---|---|
| Informationen: | Erich-Mühsam-Gesellschaft, Buddenbrookhaus, |
| | Mengstr. 4, 23552 Lübeck |
| | eMail: info@buddenbrookhaus.de |

# Inhaltsverzeichnis

# Einleitung

„Einen Voltaire verhaftet man nicht! – On n'arrête pas Voltaire!", soll der französische Staatspräsident de Gaulle gesagt haben, als der Philosoph und Schriftsteller Jean-Paul Sartre beim Verteilen einer maoistischen Zeitschrift verhaftet worden war. Und Mühsam? Erich Mühsam war viermal in Haft, 1910 wegen „Geheimbündelei", 1918 Zwangsaufenthalt in Traunstein wegen Verweigerung der Einberufung zum „Vaterländischen Hilfsdienst", 1919–1924 in Festungshaft (Ebrach, Ansbach, Niederschönenfeld) wegen seiner Beteiligung an der bayrischen Revolution 1918/1919 und 1933/34 – ohne Rechtstitel – in verschiedenen Gefängnissen und KZs, zuletzt in Oranienburg, wo er von der SS ermordet wurde. In Deutschland wurde ein Mühsam verhaftet. Weltweit gibt es gegenwärtig etwa 700 Schriftsteller, Journalisten, Verleger, Buchhändler in politischer Haft.

Was bedeutet Haft für einen Menschen, der aus politischen Gründen seine Freiheit verloren hat? Erich Mühsam hat fast 10 Jahre in Haft verbracht, ein Drittel seines Erwachsenen-Lebens. Was bedeutet politische Haft für eine Gesellschaft? Die Antworten fallen nicht einhellig aus. So schreibt z. B. Julie Zeh in ihrem Roman „Spieltrieb":

> Mach dir nichts daraus, Sohn! Jeder gute Pole geht einmal im Leben ins Gefängnis, weil er im Kampf fürs Vaterland vom eigenen Vaterland verhaftet wird.

Und Gustav Landauer, Mühsams Leitbild und Freund, schreibt:

> Was dem Mittelalter das Kloster, das kann uns Modernen das Gefängnis sein. Die Esel, die uns diese Kur vorschreiben, wissen gar nicht, welche Wohltat sie manchem schon erwiesen haben. Ich habe da innen früher einsame Wonnestunden ohnegleichen erlebt, und die Kraft des Leids hat sich mir erprobt. [...] Und was Erinnerungsfreuden und Feste der Seele sind, weiß niemand, der nicht ähnliches erlebt hat.

Haft als Ehre oder als innere Stärkung?

Haben Mächtige solche Angst vor Schriftstellern, dass es immer wieder zu Verhaftungen kommt? Haben sie Angst vor der Wahrheit? Die Herrscher schufen sich in früherer Zeit eine Stelle, so sagt Adolf Muschg, an der ihnen Wahrheit begegnete, ohne ihn zu gefährden: den Narren. Der kluge Herrscher nahm den Narren ernst. Aber je eingebildeter die kleinen Herren von ihrem Amt seien, desto weniger vertrügen sie den Einspruch des Narren. Und Fritz J. Raddatz formulierte, ein Wort Rolf Hochhuths aufgreifend:

> Unsere Herrschenden, ob Bankbosse oder der dubiose Präsident Bush, haben ein geradezu peinigend gutes Gewissen; rein – wie Rolf Hochhuth einmal schrieb –, weil nie benutzt.

Den Fragen von politischer Haft, Folter und Todesstrafe ging die 17. Tagung der Erich-Mühsam-Gesellschaft nach, die vom 26. – 28. Mai 2006 in der Gustav-Heinemann-Bildungsstätte in Malente stattfand. Die dort gehaltenen Referate sind hier abgedruckt. Es ist der Gesellschaft wichtig, Fragen, die Erich Mühsam gestellt hat, aufzugreifen und auch auf das Heute zu beziehen.

Zum Ausgang drucken und kommentieren wir 18 Gedichte Erich Mühsams, die das Thema Haft zum Gegenstand haben und die zumeist auch während eigener Haftzeiten geschrieben wurden. Nikolaus Brauns (München) befasst sich mit Erich Mühsams Einsatz für die Rote Hilfe. Er macht deutlich, dass Mühsam nach seiner Freilassung aus der langjährigen Festungshaft das Thema Hilfe für politische Gefangene besonders wichtig war. Günther Gerstenberg (München) beschreibt die Geschichte der Festungshaft Erich Mühsams anhand von Aktenfunden in den Münchner Archiven. Felicia Langer, Erich-Mühsam-Preisträgerin des Jahres 2005, schildert ihre Erfahrungen in dem „Brandherd Nahost". Ihre Befürchtungen sind – leider – inzwischen in schlimmer Weise bestätigt worden. In der ganzen Welt gibt es Folter; in Deutschland ist sie zwar verboten. Leider wird zurzeit diskutiert, ob „ein bisschen" Folter nicht doch erlaubt werden sollte. Inga Morgenstern (Kiel), Mitarbeiterin bei Amnesty International, nimmt dazu engagiert Stellung. Rudi Friedrich (Offenbach), Mitarbeiter von Connection e. V., eines Vereins, der sich auf internationaler Ebene für Kriegsdienst-verweigerer und Deserteure einsetzt, beschäftigt sich mit der Frage des Asyl-rechts für diese Menschengruppe. Und Jürgen Heiser (Bremen), seit Jahren für die Befreiung Mumia Abu-Jamals kämpfend, geht der Geschichte der Todesstra-fe in den USA nach und sieht – optimistisch – das Ende dieser Strafe in den USA. Am Schluss der Tagung zeigte die RAF-Aktivistin Ilse Schwipper, viele Jahre in Haft, Filme zum Thema.

Erich Mühsam bringt es seinem Gedicht „Plötzensee" auf den Punkt:

> Eingesperrt sind meine Pläne
> namens der Gerechtigkeit.

Lübeck, im August 2006                    Jürgen-Wolfgang Goette
                                          Sabine Kruse

# Haft-Gedichte

## Erich Mühsam

*Zusammengestellt von Jürgen-Wolfgang Goette*

Erich Mühsam in seiner Zelle
in der Festung Niederschönenfeld, April 1921

# 1

## Plötzensee

Gibt es einen Ort auf dieser Erde,
wo so fremd ist jedes Menschenweh,
wo so fern ist jegliche Beschwerde
bittren Lebens als in Plötzensee?

Wohnt man hinter schwedischen Gardinen
Nicht so sorgenlos wie im Hotel?
Springen nicht, die Gäste zu bedienen,
hin und her Beamte blitzesschnell?

Lästermäuler, die da frech behaupten,
Plötzensee sei eine Strafanstalt!
Die des irren Sträflings Worte glaubten:
Ihn misshandelte die Staatsgewalt!

Kann die Kraft des Sträflings nicht erdulden,
was man – ihm zum Wohl! – für gut befand,
trifft doch die Verwaltung kein Verschulden!
Doch nicht jeder kommt um den Verstand!

Musterhaft – klar ist's für jeden Blinden –
ist in Plötzensee der Strafvollzug.
Sollte einer ihn zu tadeln finden –
nun, so werd er durch Erfahrung klug! ...

Darum – machte dich des Schicksals Tücke,
teurer Freund, zu einem Redakteur –
höre meinen Rat: send deine Blicke
nicht zu wissensdurstig ringsumher!

Frau Justitia hat sehr lange Arme,
und sie fasst dich damit allerwärts,
wenn du gleitest – drückt dich dann ans warme,
treubesorgte, offne Mutterherz.

Doch vor allem hüte Blick und Zunge,
und schau nicht nach Plötzensee hinein.
Frau Justitia steht bereit zum Sprunge
und belehrt dich durch den Augenschein.

*Erstdruck: Der Wahre Jacob, Nr. 494, 27.6.1905*
*Quelle: Erich Mühsam, Gedichte. Hrsg. von Günther Emig. Berlin: Verlag europäische Ideen 1983. Gesamtausgabe. Band 1, S. 181 f.*

2

# Gefängnis

Auf dem Meere tanzt die Welle
nach der Freiheit Windmusik.
Raum zum Tanz hat meine Zelle
siebzehn Meter im Kubik.

Aus den blauen Himmeln zittert
Sehnsucht, die die Herzen stillt.
Meine Luke ist vergittert
und ihr dickes Glas gerillt.

Liebe tupft mit bleichen leisen
Fingern an ein Bett ihr Mal.
Meine Pforte ist aus Eisen,
meine Pritsche hart und schmal.

Tausend Rätsel, tausend Fragen
machen manchen  Menschen dumm.
Ich hab eine nur zu tragen:
Warum sitz ich hier? Warum?

Hinterm Auge wohnt die Träne,
und sie weint zu ihrer Zeit.
Eingesperrt sind meine Pläne
namens der Gerechtigkeit.

Wie ein Flaggstock sind Entwürfe,
den ein Wind vom Dache warf.
Denn man meint oft, dass man dürfe,
was man schließlich doch nicht darf.

*Erstdruck: Kain, Jg. 2, H. 2, 1912*
*Quelle: Gedichte, S. 225*

## 3

# Golgatha

Gebeugte Menschen mit stumpfem Blick
Hocken in dumpfen Spelunken –
den Neid im Auge, die Not im Genick,
von elendem Fusel trunken.
Da tönt eine Stimme von außen herein:
„Kopf hoch! Ihr seid nicht verloren.
Ich füll eure Becher mit goldenem Wein.
Auch euch ist der Heiland geboren.
Heraus ins Freie und folgt mir nach,
wo Schätze liegen!"
Die Stimme des Mannes, der also sprach,
hat plötzlich geschwiegen.
Ein Scherge führt ihn gefesselt fort.
Den Menschen aber da drinnen
klingt seiner Rede lockendes Wort
wie ferner Traum in den Sinnen.
Sie senken den Kopf auf des Tisches Brett
und trinken mit heiserem Lachen …
Ein Jude zog aus von Nazareth,
die Armen glücklich zu machen.

*Erstdruck: Der Sozialist, Jg. 2, 1.4.1910*
*Quelle: Gedichte, S. 255*

4

# Traunstein

„Ich leide für mein Volk." Wie groß das klingt!
„Ich leide, weil ich für die Wahrheit zeugte."
„Ich leide, weil ich nicht den Nacken beugte."
„Ich leide, weil in mir die Sehnsucht schwingt."

Ich leide? – Trink ich nicht den reinen Duft
der Waldesgründe und der bunten Wiesen?
Strömt von der strengen Stirn der Bergesriesen
nicht zu mir nieder freie Gottesluft?
Und sind nicht, die mir Kampfgefährten waren,
auf Jahr und Tag in Kerkernot gebannt,
in tausendfache Qualen eingespannt,
von denen ich die kleinsten nicht erfahren? ...
Durch einen dumpfen Schacht dringt fahle Helle
zu ihnen als des Lebens einziger Gruß.
Beim sechsten Schritt gehemmt durcheilt ihr Fuß
unruhig drängend die versperrte Zelle.
Und während sie die Kerkerwand umschließt
und sie um Nachricht von den Menschen bangen,
seh ich und hör ich, bin ich gleich gefangen,
und freu mich, wie ringsum der Frühling sprießt. –

Ist das schon Leiden, dass mich Fäuste griffen
und dass mich feindliche Gewalt belauert?
Wer um ein paar Bequemlichkeiten trauert,
dem hat die Not der Zeit nichts abgeschliffen.

Und doch: ich leide und bekenne Leiden,
weil Menschen im Gefolg von Trug und Lügen
uns andern trachten Drangsal zuzufügen
und unserm Ruf das Stimmband zu durchschneiden.
Ich leide, weil das Volk, getäuscht, verblendet,
Unrecht geschehn lässt, Unrecht trägt und tut
und weil es in den Sumpf von Qual und Blut
tyrannenfürchtig seine Männer sendet.

Ich leide, weil aus Feigheit und aus Schande
das Volk sich Kränze feilen Ruhmes flicht.
Ich leide, weil das Herz der Besten bricht,
die Treue hielten ihrem Volk und Lande …
So darf ich leiden. Denn auch ich hielt Treue
und ward dafür geschmäht, bespien, verbannt.
Doch in die Seele glühend eingebrannt
lebt mir der Glaube an das starke Neue.
Das Leid verklärt sich mir zum frommen Schauer.
Gruß, Freunden euch im Kerker! Nicht verzagt!
Trug sinkt in Nacht. Und wenn der Morgen tagt,
gehn wir ans Werk – der Freiheit die Erbauer.

*Erstdruck: Erich Mühsam, Brennende Erde. Verse eines Kämpfers. München:*
*Wolff 1920*
*Quelle: Gedichte, S. 314 f.*

Zwangsaufenthalt in Traunstein, 1918

5

# Der Gefangene

Ich hab's mein Lebtag nicht gelernt,
mich fremdem Zwang zu fügen.
Jetzt haben sie mich einkasernt,
von Heim und Weib und Werk entfernt.
Doch ob sie mich erschlügen:
   Sich fügen heißt lügen!

Ich soll? Ich muss? – Doch will ich nicht
nach jener Herrn Vergnügen.
Ich tu nicht, was ein Fronvogt spricht.
Rebellen kennen bessre Pflicht,
als sich ins Joch zu fügen.
   Sich fügen heißt lügen!

Der Staat, der mir die Freiheit nahm,
der folgt, mich zu betrügen,
mir in den Kerker ohne Scham.
Ich soll dem Paragraphenkram
mich noch in Fesseln fügen.
   Sich fügen heißt lügen!

Stellt doch den Frevler an die Wand!
So kann's euch wohl genügen.
Denn eher dorre meine Hand,
eh ich in Sklavenunverstand
der Geißel mich sollt fügen.
   Sich fügen heißt lügen!

Doch bricht die Kette einst entzwei,
darf ich in vollen Zügen
die Sonne atmen – Tyrannei!
Dann ruf ich's in das Volk: Sei frei!
Verlern es, dich zu fügen!
   Sich fügen heißt lügen!

*Erstdruck: Der Revolutionär, Jg. 1, H. 18, 1919*
*Quelle: Gedichte, S. 328 f.*

6

# Einzelhaft

Menschen, die heiße Herzen nicht kennen,
wittern Gefahr von ihrem Schlag
und sinnen, ihr Sehnen auszubrennen,
auf neue Qualen an jedem Tag.
Die Tür mit Schlössern und Bolzen verriegelt,
ein Spähloch darin, durch das Hass mich bewacht,
die Füße gehemmt, die Stimme versiegelt,
Stickluft und Fliegen bei Tag und Nacht.
Und draußen ein Rasseln und Klirren und Poltern:
Das mahnt, dass des Feindes Trachten nicht ruht.
Ein Froschhirn bastelt an Seelenfoltern
und dringt mit keiner doch bis ans Blut ...
Strengt euch nicht an, ihr armen Beamten!
Niemals schlägt mir ins Herz euer Blitz.
Vergeudet ihr doch mit euern gesamten
Peinigungen nur Tintenwitz.
Glaubt ihr, ihr könntet die Liebe verwunden,
trennt ihr mit List die Frau vom Mann?
Herzen bleiben immer verbunden,
auch wenn die Lippe nicht küssen kann.
Glaubt ihr, umschlossen von kalkigen Mauern
dorre mir Geist und Seele ein?
Ach, ihr wisst nichts von heiligen Schauern;
der sie kennt, ist niemals allein.
Kommt nur heran mit Martern und Plagen!
Nehmt mir das Lager und kürzt mir die Kost!
Heißes Herz kann Hunger ertragen,
heißes Herz erfriert nicht im Frost.
Arme Teufel, ihr Bürokraten,
tötet mich doch, befiehlt's eure Pflicht!
Ihr könnt den Leib des Rebellen braten,
das Herz und die Seele versengt ihr ihm nicht.

*Erstdruck: Erich Mühsam, Sammlung 1898–1928. Berlin: Spaeth 1928*
*Quelle: Gedichte, S. 366*

7

# August Hagemeister

*gestorben in der Festungsanstalt*
*Niederschönenfeld am 16. Januar 1923*


Nicht unterm Knattertakt der Mitrailleuse,
bei roten Fahnen nicht noch Hufgestampf –
dein Blut floss nicht ins Straßenschlachtgetöse.
Du starbst im Stuhl, und doch: Du fielst im Kampf.

Der Kerker stieß dich zu den Schatten jener,
die in der Menschheit düsterm Totentanz
endlos den Reigen ziehn der Nazarener,
der Weltbefreier mit dem Dornenkranz.

So fällte dich der Tod, um dich zu krönen.
Schon lauscht das Volk. – Dem Lebenden so taub,
hört's des Verstummten Worte brausend tönen. –
Das Volk wacht auf und segnet deinen Staub.


*Erstdruck: Erich Mühsam, Alarm. Manifeste aus 20 Jahren. Berlin: Syndikalist 1925*
*Quelle: Gedichte, S. 346 f.*

8

# Herz in Not

Geht's nun also auf die Fahrt?
Nahn die düstern Rappen?
Knochenfinger rütteln hart
an den Herzensklappen.
Wehr dich, Herz! Es ist der Hass
rachegieriger Büttel,
der dich schlägt. Sei nicht von Glas!
Trotze ihrem Knüttel.
Herz im Leibe, hageldicht
fallen Hasses Hiebe.
Herz der Seele, duld es nicht!
Dir gehört die Liebe!
Herz der Seele, mach es quitt
mit der Kraft des Guten,
was das Herz im Leibe litt,
ohne zu verbluten.
Und muss doch gestorben sein,
stirbt das Herz im Leibe.
Herz der Seele, groß und rein,
lebe weiter, bleibe!
Bleibe, wo die Freiheit ringt
aus gekränktem Hoffen.
Bleibe, wo die Zukunft singt.
Halt die Seelen offen!
Ob das Herz im Leibe birst –
Herz der Seele, wache! –
Und mit meiner Liebe wirst
du zu meiner Rache!

*Erstdruck: Erich Mühsam, Alarm, 1925*
*Quelle: Gedichte, S. 347*

9

# Geschonte Kraft

Ihr Toren meint, der Kämpfer und Verächter
sei müde und besiegt ins Knie gesunken,
verlöscht sei seines Zornes heller Funken vom
rohen Fußtritt der Gesetzespächter.

Wahr ist's: er ballt die Fäuste nicht dem Wächter;
speit keinen Schimpf: ihr Mörder, ihr Halunken!
Und blößt nicht seinen Rücken martertrunken
den Geißelhieben unter Hohngelächter.

Ein stiller Mann. Und doch: ihr Toren irrt.
Er braucht sich seinen Mut nicht zu befeuern,
indem er laut mit seinen Ketten klirrt.

Im Gegenteil: bemüht, den Klang zu dämpfen,
wird ihm sein Eisen das Gelenk nicht scheuern,
und stark erhält er seinen Arm zum Kämpfen.

*Erstdruck: Erich Mühsam, Sammlung, 1928*
*Quelle: Gedichte, S. 365*

10

# Zuversicht

Mag auch der Kerkerketten Bleigewicht
den Körper manchmal an den Boden zwingen –
Genossen, Mut! Die stärkste Kette bricht
und mit ihr jede Not; – nur eine nicht:
die Mattigkeit geknickter Seelenschwingen.
Spürt ihr die Sonne durch die Nebel dringen?
Ihr Strahlenbohrer schweißt das Kerkertor.
Gebt acht – die Fesseln lockern sich, Genossen!
Dem Auge kommt das Blickfeld weiter vor;
entwöhntes Klingen rauscht vertraut ans Ohr.
Die Zukunft, von Vergangenem umflossen,
strafft unsre Seelenfittiche: Empor!

*Erstdruck: Erich Mühsam, Sammlung, 1928*
*Quelle: Gedichte, S. 367*

Festungsgefangene in Ansbach, Herbst 1919

## 11

# Herbstmorgen im Kerker

Wenn morgens über Gras und Moor
sich weißlich-trüb der Nebel bauscht,
unfroher Wind mit müdem Stoß
im dürren Laub des Herbstes rauscht;
wenn eiterig der fahle Tau
von welken Blütenresten tränt,
des Äthers dichtverquollenes Grau
dem neuen Tag entgegengähnt –
und du, gefangen Jahr um Jahr,
gräbst deinen Blick in Dunst und Nichts:
da wühlt die Hand dir wohl im Haar,
und hinter deinen Augen sticht's.
Du starrst und suchst gedankenleer
nach etwas, was du einst gedacht,
bis endlich, wie aus Fernen, schwer
das Wissen um dein Selbst erwacht.
Du musterst kalt das Eisennetz,
das dich in deinen Kerker bannt;
in dir erhebt sich das Gesetz,
zu dem dein Wille sich ermannt:
Treu sein dem Werk und treu der Pflicht,
der Liebe treu, die nach dir bangt;
treu sein dir selbst, ob Nacht – ob Licht,
dem Leben treu, das dich verlangt! …
Aus jedem Morgen wird ein Tag,
und wie die Sonne einmal doch
durch Dunst und Schleier drängen mag,
so bleibt auch dir die Hoffnung noch. –
Im Nebel dort schläft Zukunftsland.
Du drehst den Kopf zurück und blickst
an der gekalkten Zellenwand
zu deines Weibes Bild. Und nickst.

*Erstdruck: Erich Mühsam, Sammlung, 1928*
*Quelle: Gedichte, S. 367 f.*

## 12

# Freiheit in Ketten

Ich sah der Menschen Angstgehetz;
ich hört der Sklaven Frongekeuch.
Da rief ich laut: Brecht das Gesetz!
Zersprengt den Staat! Habt Mut zu euch!
Was gilt Gesetz?! Was gilt der Staat?!
Der Mensch sei frei! Frei sei das Recht!
Der freie Mensch folgt eignem Rat:
Sprengt das Gesetz! Den Staat zerbrecht! –
Da blickten Augen kühn und klar,
und viel Bedrückte liefen zu:
Die Freiheit lebe! Du sprichst wahr!
Von Staat und Zwang befrei uns du! –
Nicht ich! Ihr müsst euch selbst befrein.
Zerreißt den Gurt, der euch beengt!
Kein andrer darf euch Führer sein.
Brecht das Gesetz! Den Staat zersprengt! –
Nein, du bist klug, und wir sind dumm.
Führ uns zur Freiheit, die du schaust! –
Schon zogen sie die Rücken krumm:
O sieh, schon ballt der Staat die Faust! ...
Roh griff die Faust mir ins Genick
des Staats: verletzt sei das Gesetz!
Man stieß mich fort. – Da fiel mein Blick
auf Frongekeuch und Angstgehetz.
Im Sklaventrott zog meine Schar
und schrie mir nach: Mach dein Geschwätz,
du Schwindler, an dir selber wahr!
Jetzt lehrt der Staat dich das Gesetz! –
Ihr Toren! Schlagt mir Arm und Bein
in Ketten, und im Grabverlies
bleibt doch die beste Freiheit mein:
die Freiheit, die ich euch verhieß.
Man schnürt den Leib; man quält das Blut.
Den Geist zwingt nicht Gesetz noch Staat.
Frei, sie zu brechen, bleibt mein Mut –
und freier Mut gebiert die Tat!

*Erstdruck: Erich Mühsam, Sammlung, 1928*
*Quelle: Gedichte, S. 368 f.*

## 13

# In der Zelle

Scheu glitt ein Tag vorbei – wie gestern heut.
Ein leerer rascher Tropfen sank ins Jahr.
Und wenn sich aus der Nacht geballtem Nichts
der letzte Schatten in den Morgen streut –
du freust dich kaum am kalten Kuss des Lichts.
Und morgen wird es sein, wie's heute und gestern war.

Gefängnis: Leben ohne Gegenwart,
ganz ausgefüllt von der Vergangenheit
und von der Hoffnung ihrer Wiederkehr.
Du fragst nicht, ob du weich ruhst oder hart,
ob deine Schüssel voll ist oder leer.
Betrogen um den Augenblick verrinnt die Zeit.

Du wirst nicht älter und du bleibst nicht jung.
Gewöhnung weckt dich, bettet dich zur Ruh.
Dein Fragewort heißt niemals: Wie? – Nur: Wann?
Doch Wann ist Zukunft, Wann ist Forderung.
Weh dir, wenn die Gewöhnung töten kann.
Verlern das Warten nicht. Bleib immer Du! Bleib Du!

*Erstdruck: Raus die Gefangenen, hrsg. von Theodor Plivier, Berlin: Verlag der Zwölf, Oktober/November 1924
Quelle: Gedichte, S. 366 f.*

## 14

# Die Pflicht

Jüngst war der Tod bei mir zu Gast …
Unsichtbar stand er und hat still
und prüfend meinen Puls gefasst,
als fragt er, ob ich folgen will.
Da ward mein Körper schwebend leicht,
und in mir ward es licht und rein.
Ich spürte: Wenn das Leben weicht,
muss Seligkeit und Süße sein.
Willkommner Tod, du schreckst mich nicht;
in deiner Obhut ist es gut,
wo Geist und Leib von aller Pflicht,
von Kerkerqual und Ängsten ruht …
Von aller Pflicht? Stirbt denn mit mir
der Krieg, das Unrecht und die Not?
Des Armen Sucht, des Reichen Gier –
Sind sie mit meinem Ende tot?
Ich schwur den Kampf. Darf ich ihn fliehn?
Noch leb ich – wohlig oder hart.
Kein Tod soll mich der Pflicht entziehn –
und meine Pflicht heißt Gegenwart!

*Erstdruck: Kulturwille, Jg. 1, Heft 8, 1924*
*Quelle: Gedichte, S. 362*

## 15

# Standhafter Wille

Jetzt prasselt's in Schlössen auf mich nieder
und schleudert Hagel und Donnerkeil.
Es hämmert die Schläfe, es zucken die Glieder:
Aber der Wille ist noch heil.
Den Willen können sie nicht zerbrechen,
wie sie auch zwicken an meinem Mark
und mich mit glühenden Nadeln stechen.
Meinem Willen befehl' ich: Bleib stark!
Einmal, den Durst meiner Sehnsucht zu stillen,
spät oder bald – es kommt der Tag,
und dann brauch' ich den stählernen Willen,
daß er die Tat mir lenken mag.
Sei es der Tag der befreienden Rache,
sei es der Tag der genesenden Zeit –
denk an den Tag, mein Wille, und wache!
Es kommt der Tag! Bleib stark und bereit!

*Erstdruck: Die Weltbühne, Jg. 20, Heft 36, 1924*
*Quelle: Gedichte, S. 371*

## 16

# Trost im Zuchthaus

Amnestie! So tönt es brausend
durch das Reich von Haus zu Haus.
Heißa! Von den siebentausend
kommen hundertfünfzig raus!
Ja, wenn es gut geht, dann öffnen die Länder
ihrerseits gleichfalls die Schleusen der Gnade.
Fünfe sind grade!
Heißa! Nun jubelt, ihr Ordnungsschänder!
Bleiben eurer auch die meisten
noch im Kittchen vorderhand, –
denkt: was täte mit verwaisten
Kerkern denn das Vaterland?
Darum sollt ihr nicht hadern und schreien,
sondern euch mit dem Bewusstsein trösten,
dass die Erlösten
größtenteils ohnehin wandeln im Freien.
Freudig lasst das Handtuch wedeln
aus der Luke Gitterloch, –
amnestiert sind ja die Edeln
der Nation. – Nur Plebs sitzt noch.
Stolz kehrt zurück in des Feme-Mords Reihen
meineidentsühnt der gewaltige Ehrhardt.
Seht also: Sehr hart
ist unser Staat nicht; er kennt das Verzeihen.
Ihr im Zuchthaus, im Gefängnis,
schweigt und unterscheidet gut:
Euch bracht' Hunger in Bedrängnis,
jene die Teutonenwut.
Bessert euch von der Gesinnung, der schlechten!
Putscht ihr auf völkisch, wird Freiheit euch winken.
Ihr seid die Linken, –
Rechtsstaat bleibt Rechtsstaat: der hilft nur den Rechten!

*Erstdruck: Die Welt am Montag, Jg. 31, Heft 32, 1925*
*Quelle: Gedichte, S. 371 f.*

17

# Gnade

Jeder Mensch im deutschen Lande
ist vor dem Gesetze gleich, ob er
blöd, ob bei Verstande, ob er arm
sei oder reich. Bombenschmeißen
ist verboten so den Völk'schen wie
den Roten, und es sei, wer's
dennoch tut, auf der Hut!

Ins Gefängnis eingezogen
wird, wer Dynamit benützt;
selbst die Juden-Synagogen
sind von der Justiz geschützt.
Fünf Jahr Zuchthaus! – Aber grade
sind die fünfe vor der Gnade,
frei sei, wer nach Freiheit lechz', –
steht er rechts!

Mancher kam schon anno 19
hinter Schloss und Riegel zwar,
und man kann ihn eingezäunt sehn
heute noch – im achten Jahr.
Nicht als Bomben-Attentäter,
sondern nur als Hochverräter
büßen diese. – Allerdings
stehn sie links.

Wie das Mädchen aus der Fremde
grüßt uns die Gerechtigkeit.
Jedem hält sie unterm Hemde
eine Kleinigkeit bereit:
dem Proleten Zuchthausqualen,
Gnadentrost dem Nationalen …
Doch bleibt vorm Gesetz im Reich
jeder gleich.

*Erstdruck: Die Welt am Montag, Jg. 33, Heft 11, 1927*
*Quelle: Gedichte, S. 462*

## 18

# Vermächtnis

Ihr Kameraden der Not,
hört mein Gebot!
Hört mein Vermächtnis!
Es kommt die Zeit, da das Feuer loht,
da die Welt sich befreit,
da das Leben in lockenden Sprachen spricht.
Vergesst eure Not, eure Leiden nicht!
Ich lehr euch: Gedächtnis!
Ihr Kameraden der Haft,
schont eure Kraft!
Bändigt die Sorgen!
Was Wut und Scham eurer Leidenschaft,
euerm Willensdrang nahm,
was Leids sich im Herzen euch häufen mag:
es wird alles gebraucht für den kommenden Tag.
Spart's auf für das Morgen!
Ihr Kameraden der Nacht,
steht auf der Wacht!
Lernt von den Bütteln!
Was Hass euch lehrt und missbrauchte Macht,
sei gepflegt und vermehrt.
Ein Altar aus verwartetem Ekel und Groll,
von der Liebe entbehrten Küssen voll –
wer will daran rütteln?!
Ihr Kameraden im Tod,
hört mein Gebot!
Mein letztes Vermächtnis!
Bald wird vielleicht uns das Henkerbrot
in den Kerker gereicht.
Dann segnet das Blut, das dem Leibe entrinnt!
Es fließt zur Jugend, die Rache sinnt –
und lehrt sie: Gedächtnis!

*Erstdruck: Kulturwille, Jg. 4, Heft 1, 1927*
*Quelle: Gedichte, S. 369 f.*

Jürgen-Wolfgang Goette

# Erich Mühsam – Haft im Gedicht

Erich Mühsam als Festungsgefangener in Ansbach, Herbst 1919

Erich Mühsam hat ca. 1000 Gedichte geschrieben.[1] Seine wichtigsten Gedicht-
bücher sind „Wüste" (1904), „Krater" (1909), „Wüste, Krater, Wolken" 1914,
„Brennende Erde" (1920), „Revolution" (1925) und „Sammlung" (1928).
Daneben gibt es eine Fülle von Einzelveröffentlichungen, vor allem in Zeitschriften. Ich habe insgesamt 18 Gedichte herausgesucht, die sich schwerpunkt-
mäßig mit dem Problem Haft befassen. Sie sind auf den ersten Seiten dieses
Heftes noch einmal abgedruckt. Ich möchte auf diese Gedichte näher eingehen
und sie in Beziehung setzen zu einigen Passagen aus seinen Tagebüchern.

Das Gedicht „Plötzensee" ist 1905 im „Wahren Jacob"[2] veröffentlicht. 1904 hatte es einen Prozess gegen Redakteure gegeben, die sich mit den Zuständen in
dem Gefängnis Plötzensee befasst haben; der „Vorwärts" hatte darüber berichtet. Liebknecht war der Verteidiger; die Anklage musste schließlich
zurückgenommen werden.

Mühsam geht in diesem Gedicht auf ironische Weise mit dem auch heute ver-
breiteten Vorurteil ein, dass man im Gefängnis ein tolles Leben führen kann und
gut bedient wird („sorgenlos wie im Hotel"). Mühsam kritisiert, dass Journalisten nicht recherchieren dürfen, sondern dass sie auch noch bestraft werden,
wenn sie die Wahrheit ans Tageslicht bringen. Seine Ironie gipfelt in dem Vor-
schlag: Wer die Wahrheit über Plötzensee erfahren will, soll darüber schreiben,
dann kommt er nach Plötzensee und kann Erfahrungen aus erster Hand sammeln
(„Frau Justitia steht bereit zum Sprunge und belehrt dich durch den Augenschein."). Das Gedicht bekommt seine Pointe durch das Wort „musterhaft".
Mühsam spielt mit den verschiedenen Bedeutungen: Ist Plötzensee eine „Mus-
ter-Haft"? Wird man hier „musterhaft" behandelt?

Das Gedicht „Gefängnis" (1909 entstanden, 1912 im „Kain"[3] veröffentlicht) be-
ruht auf seinen Kontakten zum Münchner Lumpen-Proletariat; er sah in ihnen
eine revolutionäre Kraft. Der Gegensatz zwischen Freiheit und Haft wird an den
Bildern des Tanzes und des Windes verdeutlicht. Besonders betont das Gedicht,
dass dem Häftling unklar ist, warum er sitzt. Wiederholungen und Alliterationen
sind wichtige Stilmittel:

> Tausend Rätsel, tausend Fragen
> machen manchen Menschen dumm.
> Ich habe eine nur zu tragen:
> Warum sitz ich  hier? Warum?

Besonders wirkungsvoll ist das Bild der zitternden Sehnsucht.

---

1 Erich Mühsam, Gedichte. Hrsg. von Günther Emig. Gesamtausgabe. Band 1. Berlin: Verlag europäische Ideen 1983. Dieser Band enthält 907 Gedichte, ist aber nicht ganz vollständig.
2 Der Wahre Jacob, Nr. 494, 27.6.1905.
3 Kain, Jg. 2, H. 2, 1912.

1910 wird Mühsam selber verhaftet; ein Lumpen-Proletarier hatte eine Bombe geworfen und sich auf Mühsam berufen; Mühsam wird aber freigesprochen, weil er mit der Tat nichts zu tun hatte. In dem Gedicht „Golgatha" (1910 entstanden und in „Der Sozialist"[4] veröffentlicht) beruft er sich auf die Passion Jesu. Jesus steht auf der Seite der Erniedrigten und gibt diesen Kraft. Mühsam lässt ihn sagen: „Ihr seid nicht verloren." Zum Schluss heißt es: „Ein Jude zog aus von Nazareth, die Armen glücklich zu machen."

1918 sitzt Mühsam von April bis Oktober 1918 ein, weil er es abgelehnt hatte, sich am „Vaterländischen Hilfsdienst" zu beteiligen. Er wird in Traunstein inhaftiert. Der Titel des Gedichts übernimmt diese Ortsangabe: „Traunstein" (das im Mai 1918 geschrieben wurde und 1920 in der „Brennenden Erde"[5] veröffentlicht wurde). 13mal wird das Wort „leiden" wiederholt. Das „Ich" leidet; aber es will sich nicht unterkriegen lassen. („Wer um ein paar Bequemlichkeiten trauert, dem hat die Not der Zeit nichts abgeschliffen.") Besonders leidet er an der Trägheit der Menschen. Er beklagt ihr Obrigkeitsdenken, ihre Tyrannenfurcht:

> Ich leide, weil das Volk, getäuscht, verblendet,
> Unrecht geschehen lässt, Unrecht trägt und tut
> und weil es in den Sumpf von Qual und Blut
> tyrannenfürchtig seine Männer sendet.

Er will den Mithäftlingen sagen, dass sie nicht verzagen sollen: „Und wenn der Morgen tagt, gehen wir ans Werk – der Freiheit die Erbauer."

„Der Gefangene" ist vielleicht das für Mühsam typischste Gedicht. Es ist im August 1919 entstanden und im selben Jahr unter dem Titel „Rebell" im „Revolutionär"[6] abgedruckt und dann 1920 in der „Brennenden Erde" erneut erschienen. Seit 13.4.1919 war er in Haft. Im Mittelpunkt des Gedichts steht das Bild der Kaserne: „sie haben mich einkasernt". Aber, so Mühsam, das nützt nichts, er wird sich nicht fügen, und er hofft, dass auch die anderen Menschen lernen, sich nicht zu fügen.

Wegen Beleidigung des bayrischen Justizministers Müller-Meiningen saß er 1920 zeitweilig in Einzelhaft, das ist der Hintergrund des gleichnamigen Gedichts. Es wurde erstmalig erst 1928 in der „Sammlung" gedruckt.[7] Es geht in diesem Gedicht vor allem um die Bewacher. Sie werden als Froschhirne bezeichnet, als arme Beamte, als Bürokraten, als arme Teufel. Er macht ihnen die Vergeblichkeit ihres Tuns deutlich (ihre „Peinigungen" sind nur „Tintenwitz").

---

4  Erich Mühsam, Der Sozialist, Jg. 2, H. 7, 1910.
5  Erich Mühsam, Brennende Erde. Verse eines Kämpfers. München: Wolff 1920.
6  Der Revolutionär, Jg. 1, H. 18, November 1919.
7  Erich Mühsam, Sammlung 1898–1928. Berlin: Spaeth 1928.

Im Januar 1923 war Mühsams Mithäftling August Hagemeister in der Festungshaft gestorben. Hagemeister war ein Jahr jünger als Erich Mühsam; er wurde wegen seiner Beteiligung an der bayrischen Revolution zu 10 Jahren Festungshaft verurteilt. Er starb infolge der mangelhaften ärztlichen Hilfestellung in der Festungshaft. Das Gedicht „August Hagemeister" erscheint 1925 in dem Band „Alarm"[8]. Mühsam erkennt in dessen Tod die Kraft des Märtyrers ähnlich der Kraft Jesu und der frühen Christen. Und in der Folge: „Das Volk wacht auf".

Todesängste suchen die Häftlinge heim, auch Mühsam. Darauf geht auch das Gedicht „Herz in Not", das ebenfalls in „Alarm" zum ersten Mal gedruckt wurde, ein. „Geht's nun zur letzten Fahrt?" Aber: der Körper mag sterben, die Seele bleibt und wirkt weiter. Mühsam unterstützt diese Aussage durch mehrfache Wiederholungen („Herz der Seele" und „Herz im Leibe"). Und in radikaler Weise benutzt er hier das Stilmittel der Alliteration, der Buchstabe h am Anfang eines Wortes kommt 16mal vor.

Auch wenn er seine Kraft nicht anwenden kann, so bleibt die Kraft im Stillen erhalten und wächst noch, das ist der Kern des Sonetts „Geschonte Kraft" (Erstdruck in der „Sammlung", 1928).

Ebenso im Gedicht „Zuversicht" (Erstdruck in der „Sammlung", 1928) will Mühsam Mut machen. Auch „die stärkste Kette bricht".

Die Bildsprache des Gedichts „Herbstmorgen im Kerker" (Erstdruck in der „Sammlung", 1928) ist expressionistisch: der weißlich-trübe Nebel, der fahle Tau, das dichtverquollene Grau usw. Dazu die Verlebendigung: das Grau, das dem Tag „entgegengähnt". Der Häftling ist verunsichert und muss sich erst wieder finden, was schließlich auch gelingt. Er bleibt seiner „treu" – der zentrale Gedanke des Gedichts. Trotz des Nebels gibt es auch eine Zukunft, noch schläft das „Zukunftsland". Wie schon in anderen Gedichten lässt den Häftling die Erinnerung an seine Frau stark werden.

Im Gedicht „Freiheit in Ketten" (Erstdruck in der „Sammlung", 1928) breitet Mühsam in Kurzform sein anarchistisches Programm aus:

> Zersprengt den Staat! Habt Mut zu euch!
> Was gilt Gesetz?! Was gilt der Staat?!
> Der Mensch sei frei! Frei sei das Recht!
> Der freie Mensch folgt eignem Rat:
> Sprengt das Gesetz! Den Staat zerbrecht! –

Aber Mühsam will nicht der Führer sein; die Menschen müssen sich selber befreien: „Kein andrer darf euch Führer sein." Ein weitblickender Gedanke!

---

8  Erich Mühsam, Alarm. Manifeste aus 20 Jahren. Berlin: Der Syndikalist 1925.

Das Gedicht „In der Zelle" (Erstdruck in dem von Plivier 1924 herausgegeben Band „Raus die Gefangenen"[9]) betrauert den Verlust der Gegenwart in der Haft. Der Häftling ist ganz ausgefüllt von der Vergangenheit und von der Hoffnung ihrer Wiederkehr, er ist betrogen um den Augenblick, die Zeit verrinnt. Aber auch die Zukunft ist diffus. Das macht Mühsam durch das mehrmalige, großgeschriebene „Wann" deutlich: „Doch Wann ist Zukunft"? Wieder appelliert er an den Leser: „Verlern das Warten nicht. Bleib immer Du! Bleib Du!"

Das Gedicht „Die Pflicht" (Erstdruck 1924 in der Zeitschrift „Kulturwille"[10]) greift den Gedanken des Nicht-Aufgebens auf: „Kein Tod soll mich der Pflicht entziehn – und meine Pflicht heißt Gegenwart!"

So betont auch das Gedicht „Standhafter Wille" (Erstdruck in der „Weltbühne"[11] 1924): „Bleib stark und bereit!"

Das Gedicht „Trost im Zuchthaus" (Erstdruck in der „Welt am Montag"[12], 1925) ist nach seiner Haftentlassung Dezember 1924 geschrieben. Mühsam setzt sich intensiv mit der Lage der noch in Haft befindlichen Menschen auseinander und er setzt sich für sie ein. Immer wieder wurde in Deutschland die Frage einer Amnestie diskutiert; auch Mühsam selbst wurde ja – im Dezember 1924 – amnestiert. Aber Mühsam kam nur frei, weil starke Kräfte alles in Gang setzten, Hitler zu amnestieren. Um den Anschein der Gerechtigkeit walten zu lassen, wurden bei diesem Akt auch einige „linke" Häftlinge befreit. In diesem Gedicht kritisiert Mühsam die Klassenjustiz: Die Völkischen kommen schnell in den Genuss der Freiheit, die Linken haben das Nachsehen:

> Putscht ihr auf völkisch, wird Freiheit euch winken.
> Ihr seid die Linken, –
> Rechtsstaat bleibt Rechtsstaat: der hilft nur den Rechten.

Das Wortspiel „Rechtsstaat" entlarvt diesen als einen Klassenstaat, der auf Seiten der Rechten steht.

Ähnlich heißt es auch in dem Gedicht „Gnade" (Erstdruck in der „Welt am Montag", 1927[13]): „dem Proleten Zuchthausqualen, Gnadentrost dem Nationalen ... Doch bleibt vorm Gesetz im Reich jeder gleich". Die Nationalen, die Nazis, sind eben etwas „gleicher" als die Proletarier!

9 Raus die Gefangenen. Hrsg. Theodor Plivier. Berlin: Verlag der Zwölf 1924, Blatt V der Serie „Wacht auf, Verdammte dieser Erde".
10 Kulturwille, Jg. 1, H. 8, 1924.
11 Die Weltbühne, Jg. 20, H. 36, 1924.
12 Die Welt am Montag, Jg. 31, H. 32, 1925.
13 Die Welt am Montag, Jg. 33, H. 11, 14.3.1927.

Das letzte hier abgedruckte Gedicht „Vermächtnis" (Erstdruck in „Kulturwille", 1927[14]) greift viele der angesprochenen Themen auf. Er spricht seine Mitkämpfer an, seine Kameraden. Jede erste Zeile der Strophen beginnt gleich: Ihr Kameraden. Danach variiert der Autor: der Not, der Haft, der Nacht, im Tod. Der Häftling vergisst nicht, es gibt Rache. Besonders eindrucksvoll ist die Zeile: „Ein Altar aus verwartetem Ekel und Groll". Der Kampf wird mit dem religiösen Bild des Altares verglichen. Mühsam schöpft ein Wort neu: „verwarteter Ekel", das, was sich im Warten angehäuft hat: Ekel und Groll. Dabei spielt auch die durch die Haft erzwungene Trennung zu seiner Frau eine Rolle; die entbehrten Küsse wirken weiter.

Zusammenfassend lässt sich sagen: Die Leitmotive in diesen Gedichten lauten: Mut, Zukunft, Pflicht, Wille, Kraft, Gedächtnis, Rache, Werk, Treue, Freiheit.

*

Mühsam hat seine Haft nicht nur in Gedichten „verarbeitet", sondern auch in ausführlichen Tagebüchern. Von April 1919 bis Dezember 1924 hat Mühsam viele tausend Seiten Tagebuch geschrieben, die auch zum großen Teil erhalten geblieben sind. Leider ist bis heute nur eine kleine Auswahl seiner Tagebuchaufzeichnungen publiziert.[15] Ich möchte einige Zitate aus den Tagebüchern anführen und in Beziehung setzen zu den Gedichten.

Zur Beurteilung der Haft Mühsams muss auch bedacht werden, dass Festungshaft eine im Strafgesetzbuch definierte besondere Form der Freiheitsstrafe war. Festungsgefangenen billigte man eine ehrenhafte Gesinnung zu, sie wurde daher häufig auch als Ehrenhaft bezeichnet. Sie war eine „nicht entehrende" Strafe ohne Arbeitszwang. Sie wurde vorwiegend gegen Angehörige höherer Stände oder bei politischen Straftaten verhängt. Das Reichsstrafgesetzbuch legte im § 17 fest:

> Die Strafe der Festungshaft besteht in Freiheitsentzug mit Beaufsichtigung der Beschäftigung und Lebensweise der Gefangenen; sie wird in Festungen oder in anderen dazu bestimmten Räumen vollzogen.

Im Mai 1923 reflektiert Erich Mühsam die Dauer der Haft – er ist ja zu 15jähriger Festungshaft verurteilt:

> Vorgestern notierte ich den 1500. Tag meiner Gefangenschaft. [...] Die Dauer des Weltkriegs wird bald erreicht sein. Wie sich damals die Formen des Kampfes und die Unterdrückung unerwünschter Ansichten im eigenen Land dauernd verschärf-

---

14 Kulturwille, Jg. 4, H. 1, Januar 1927.
15 Erich Mühsam, Tagebücher (1910-1024). Hrsg. und mit einem Nachwort versehen von Chris Hirte. München: dtv 1994. Die Seitenangaben der Tagebuch-Zitate beziehen sich auf diese Ausgabe.

ten, so wird auch die bayrische Festungshaft von Anfang an und in allmählicher, aber unbeirrter Steigerung kontinuierlich verschärft. (330)

Wie bezeichnet er in den Tagebüchern die Haft, mit welchen Bildern wird sie verglichen? Eine Aufzählung: „Gewaltakt", „trübes Verlies", „Käfig", „Marter", „Scheußlichkeit", „Gefängnisschinder" ... Am 31. Mai 1921 heißt es:

> Der Festungsgefangene Mühsam erhält zu seiner Absonderung als Verschärfung eine Woche Hofentzug und die gleiche Dauer hartes Lager. Grund: Ich habe seinerzeit dem F.G. Wittmann eine Abschrift meines Max-Hoelz-Liedes gegeben. [...] Sollte diese Maßregel nicht den beabsichtigten Zweck erreichen, so werden mir weiterhin die allerschärfsten Disziplinierungen in Aussicht gestellt. Man hat mir sofort das Bett mitsamt Kissen, Decken und Matratzen herausgeholt und einen Holzkasten in die Bude gestellt, auf dessen Latten ich frieren, und wenn ich's fertig bringe, auch schlafen darf – und das eine Woche hindurch. Ich erwarte nun auch noch Kostentzug – ein Grund wird sich schon noch in meinen alten Sünden finden. (260)

Mühsam spricht mit Recht von der „Niederschönhauser Schande" (327) bzw. dass die Festung, in der er untergebracht ist, „ein Parolenort für reaktionäre Brutalität in der ganzen zivilisierten Welt" (280) ist. Heutige Leser fallen sofort Parallelen zu Guantánamo und Abu Ghreib auf.

In seinen Gedichten hat er immer wieder auf die unsägliche Trennung von seiner Frau verwiesen. Die Tagebücher machen noch deutlicher, welche Bedeutung diese Frage für Mühsam hat:

> Zenzl war hier – zwei ganze Stunden! Unter Aufsicht des Herrn Gehauf, der mit am Tisch saß. Über Politik oder Vorgänge in der Anstalt zu reden, war uns verboten [...]. Ich war zuerst sehr deprimiert, bin aber schon etwas ruhiger. Eine einzige Pflicht erwächst uns allen, die wir das jetzt ausstehen: Nie – nie – nie vergessen! Vom Feinde lernen und ohne große Worte, aber mit heißem Gefühl der Stunde harren, wo das Gelernte verwertet werden kann! (268f)

Die Haft lähmt auch sein literarisches Schaffen. Immer wieder wird er untersucht, ob er nicht etwas geschrieben hat. Das Geschriebene wird eingezogen. Das Schreiben benötigt er aber trotz aller Drangsalierungen zum Überleben. Im Januar 1922 notiert er:

> Das verflossene Jahr war literarisch vielleicht mein ärmstes in zwanzig Jahren. Dies Tagebuch ist nahezu das einzige, was davon übrig bleiben wird, außer ganz wenigen Gedichten. (313)

Und im Juli 1921:

> Dann kam das Hoelz-Lied noch einmal dran. Derartige Gedichte zu machen, sei mir durchaus verwehrt, ich hätte mich in meinen Gedichten jeder politischen Hetzerei zu enthalten etc. (270)

[…] immer wieder dringliche Verwarnungen, keine Gedichte zu machen und nichts zu schreiben, was der Verwaltung nicht gefällt. (271)

Die Tagebücher zeigen Mühsams schwankende Stimmung: „Ich hoffe und zweifle." (186)

Skepsis:

Die Sache wird begriffen und für gut befunden, die Idee nimmt Gestalt an und soll Praxis werden – und da steht den Menschen der Mensch im Wege. Das Menschliche scheitert an den Menschlichkeiten.

Aber:

Umschlossen von einigen kahlen Gefängnismauern, verurteilt zu seinem Leben voll harter Entbehrungen, voll Unsauberkeit und Armseligkeit, höre ich aus den Zellen meiner Gefährten fröhliches Pfeifen und Singen. […] Ich glaube an das Glück der Menschheit durch Revolution. (184)

Die Zukunft wird manchmal in sehr dunklen, leider sehr prophetischen Farben gezeichnet:

[…] eine neue Ära Ludendorff mit monarchistisch-despotischer Tendenz blüht auf, die zwar den Untergang des Kapitalismus auch nicht verhindern kann, die aber ein Blutregiment über Deutschland aufrichten wird, das seinesgleichen noch nicht gesehen hat und dessen Ende ich für meine Person bestimmt nicht erleben werde. Denn die „Rädelsführer" werden nicht lange prozessiert werden. (187)

Seine wechselvollen Stimmungen und Einstellungen werden auch deutlich an seinem Verhalten der KPD gegenüber, der er 1919 für 3 Monate beitritt. Einige Zitate:

*Juli 1919:* Der KPD könnte ich niemals beitreten. (201)

*Oktober 1919:* Ob sie in der Partei viel Freude erleben werden? – vielleicht werde ich schneller wieder draußen sein als ich hineingekommen bin. (224)

*Juni 1920:* Es ist noch lange nicht sicher, ob ich nicht eines Tages statt von Offizieren von Parteikommunisten an die Wand gestellt werde. (236)

*August 1921:* Die „Kommunisten" haben den Kommunismus preisgegeben. (273f)

Er spricht abfällig von der „Marxomanie" (249) und nennt die UdSSR einen „Obrigkeitsstaat" (265).

Wer von Revolution spricht, muss sich auch der Frage der Gewalt stellen. Wie entwickelt sich Mühsams Haltung zur Gewalt? Welche Rolle spielt dabei seine Haft?

„ D e r   P r o t e s t   M ü h s a m "
„Ich protestiere gegen meine Festungsstrafe. Die Besten der Nation
gehören in's Zuchthaus!"
Reaktionäre Hetzkarikatur von Arpad Schmidhammer

## Rechtsextreme Hetzkarikatur in der Zeitschrift „Jugend", 17.7.1919

Am 30. April 1919 wurden von der Räteregierung 10 Geiseln als Vergeltung erschossen – es handelte sich um rechtsextreme Personen, die verhaftet, aber noch nicht verurteilt waren. Mühsam war daran nicht beteiligt, er war schon in Haft. Dieser sogenannte „Geiselmord" dient dann als Rechtfertigung für die Massaker der weißen Truppen an linken Revolutionären. Noch im KZ wird Mühsam fälschlicherweise mit diesen Ereignissen in Verbindung gebracht. Mühsam spricht von dem „Verbrechen der eigenen Genossen", von der „unseligen Ermordung der Geiseln" und der „endlosen Schuld". In dieser Frage ist Mühsam unbeirrbar konsequent. Anders sieht es mit der Frage der Gewalt aus. Im September 1919 schreibt er:

> Ich bin allmählich, sehr im Gegensatz zu meiner Vergangenheit, so weit, dass ich die grundsätzliche Abkehr vom Blutvergießen nicht mehr verantworten kann. (215)

Und im Mai 1921:

> [Ich] erkenne immer deutlicher, dass wir ungeheure Esel waren, als wir keinem unserer politischen Feinde ein Haar krümmten, als wir dazu unumstritten die Macht hatten. (260)

Und im Juni 1921:

> Trotz Landauers Unterschrift unter den Proklamationen der Räterepublik, worin
> die Bewaffnung des Proletariats als erste Forderung aufgestellt war, behaupten
> diese Gesellen dreist, er sei strikter Gegner jeder Waffengewalt gewesen. [...] Er
> sagte damals wörtlich – ich erinnere mich sehr deutlich –, „Kein Blutvergießen ist
> Unsinn! Wer Revolution will, muss sie ganz wollen und in Kauf nehmen, was sie
> mit sich bringt. Bis jetzt hat es noch nie eine unblutige Revolution gegeben."
> (265f)

Und schließlich im August 1922:

> Ihnen [den Sozialdemokraten] mein Ekel, mein Hass, meine Verachtung und mein
> Wille zu Rache, zur Abrechnung. Mir ist Mord keine Freude und Hinrichtung
> keine Befriedigung. – Aber säße ich im Tribunal, das die Ebert, Scheidemann,
> Auer, Noske, Schneppenhorst e tutti quanti abzuurteilen hätte, ich käme mir als
> Verräter vor der Sache der Revolution, stieße ich den Daumen nicht nach unten:
> Auslöschen! (302f)

Ganz deutlich heißt es auch März 1921: die Unabhängigen Sozialdemokraten
machen eine „pazifistische Politik, immerhin ein Standpunkt, wenn auch nicht
meiner". (251)

Man kann es sofort spüren, das Leichte, Verspielte, Kokette, Erotische, Sinnli-
che, das seine Vorkriegstexte kennzeichnet, ist weg. Die Haft führt zu Hass,
Verbitterung, Politik, zu „Schwere". Mühsam verkrampft sich mitunter auch.
Dazu kommen die extremen Erfahrungen des Revolutionsjahres: erst der Höhen-
rausch, seine Beteiligung an der Revolution, dann deren Niederschlagung und
seine Haft.

Die Verantwortlichen der Festungshaft arbeiten mit Intrigen, Schikanen, Zensur,
Einzelhaft, Besuchsverbot, Rauchverbot, Hofentzug, Bettentzug. Dazu kommen,
auch unter Beteiligung von Mithäftlingen, persönliche Denunziationen, Ver-
ächtlichmachen, Anschwärzen, gegeneinander Ausspielen, Prügeleien. Die Haft
macht Mühsam härter, unerbittlicher, ernster, kompromissloser, kämpferischer.

Die Tagebücher, auch sie werden teilweise konfisziert, spielen für Mühsam eine
große Rolle. Viele tausend Seiten schreibt er, es ist nicht viel, was ihm geblieben
ist. Die Tagebücher sind pessimistischer, verzweifelter als die Gedichte. Er arbeitet sich in den Tagebüchern ab, bevor er literarisch tätig werden kann. Die
Gedichte sind optimistischer. Sie sind trotziger.

Der Gegensatz von Angst und Optimismus kommt in seiner Eintragung Silvester
1921 gut zum Ausdruck:

> Wie wird sich das kommende Jahr zeigen? – Für mich fängt es trübe an, das ist si-
> cher. Aber mein Optimismus ist nicht kleinzukriegen; und im Rheinland streiken
> die Eisenbahner! (283)

Viele Intellektuelle haben sich für die Festungsgefangenen eingesetzt. Besonders eindrucksvoll und mitfühlend schreibt Kurt Tucholsky in seinem Artikel „Gib ihm Saures – er kann sich nicht wehren!"[16] über die Festungshaft.

> Ihre Haft gleicht also fast der, wie sie in Gefängnissen vollstreckt wird. Sie ist schlimmer, weil die Überwachungsbeamten, und ganz besonders die höheren, politische Gegner der Gefangenen sind und diese das täglich in der schlimmsten Form zu spüren bekommen. [...]
>
> Die Briefzensur ist unerträglich. Das Verfügungsrecht über das Geldeigentum ist aufgehoben worden. Es hagelt Disziplinarstrafen: Bettentzug – ein Wort, so widerlich wie der Begriff – Hofentzug – rechtswidrige Herabsetzung der Besuchszeit auf sechs Stunden wöchentlich; der Urlaub wurde beseitigt; nachts sind die Zellen abgeschlossen; und Schikanen, Schikanen, Schikanen. Einer muss vierzehn Tage ohne Hosen in seiner Einzelzelle sitzen; sieben Tage lang ohne Bettzeug auf dem kalten Fußboden schlafen. Einzelhaft, Besuchsverbot, Schreibverbot, Kostentziehung ... Schikanen, Schikanen, Schikanen. [...]
>
> Nun denke man sich die Lage dieser armen Leute: sie sind auf Gnade und Ungnade der politischen Rachsucht von streberhaften Staatsanwälten, größenwahnsinnigen Aufsehern, sadistischen Feldwebeln ausgesetzt. Ihr kennt alle den preußischen – man muss heute schon sagen: bayrischen – Amtston, auf den es nur eine Antwort gibt: ein paar hinter die Ohren. Nun denkt, wie die, wehrlos, mit zusammengebissenen Zähnen, fern aller Zivilisation, fast ohne Nachrichten, ohne Aussicht, in den nächsten langen Jahren da herauszukommen – Mühsam hat im ganzen fünfzehn Jahre abzumachen –, wie denen da zumute sein muss! Und da findet sich kein Retter, keiner –?

Auch Gustav Radbruch, Lübecker Schulfreund Mühsams, Reichsjustizminister – aber ohnmächtig gegenüber den Partikularinteressen der Länder, insbesondere Bayerns. Mühsam schreibt in seinem Tagebuch:

> Radbruch soll also im Reichstag sehr kräftige Töne gegen Bayern gefunden haben. Er habe verlangt, dass sich die bayrische Justizpflege den Reichsgesetzen anpasse und besonders den Niederschönhauser Strafvollzug als rechtswidrig angegriffen. (278)

\*

Bertolt Brecht hat in seinem Gedicht „An die Nachgeborenen" den Konflikt der Kämpfer für eine bessere Welt deutlich gemacht:

> Auch der Hass gegen die Niedrigkeit
> verzerrt die Züge.
> Auch der Zorn über das Unrecht
> macht die Stimme heiser. Auch, wir

---

16 Ignaz Wrobel: Gib ihm Saures – er kann sich nicht wehren! In: Welt am Montag, 21.11.1921.

die wir den Boden bereiten wollten für die Freundlichkeit
konnten selber nicht freundlich sein.

Ihr aber, wenn es so weit sein wird
dass der Mensch dem Menschen ein Helfer ist
gedenkt unsrer
mit Nachsicht.

Einen Voltaire verhaftet man leider doch, viele Schriftsteller sind inhaftiert gewesen wie Mühsam. Sie haben in Haft literarische Texte geschrieben, manchmal
sogar Meisterwerke. Friedrich Schiller wurde auf der Militärakademie festgehalten; dort entstanden seine „Räuber", er konnte entfliehen. Alexander Solscheny-
zin beschreibt in seinen Buch „Ein Tag im Leben des Iwan Denissowitsch" den
Stalinschen Gulag. Bruno Apitz war im KZ Buchenwald inhaftiert: Sein Buch
„Nackt unter Wölfen" gestaltet diese Haft. George Semprun, ebenfalls im KZ
Buchenwald inhaftiert, schreibt zur Erinnerung an diese Haft sein Buch „Was
für ein schöner Sonntag". Klaus Kordon musste viele Jahre im Gefängnis in
Bautzen zubringen: „Krokodil im Nacken" versucht diese Zeit aufzuarbeiten.
Und Walter Kempowski, ebenfalls in Bautzen gewesen, schreibt darüber in sei-
nem Buch „Im Block". Die Liste könnte leider noch fortgesetzt werden. Immer-
hin: Sartre ist nicht verhaftet worden.

Was bleibt? Die Schriftsteller machen etwas bekannt; für lange Zeit weiß man
um das Unrecht, das dort geschehen ist. Auch heute gilt: Man kann die Freiheit
nicht verteidigen, wenn man sie zerstört. Man kann nicht ohne Folgen im Namen der Moral die eigene Moral verraten. Insofern schreibt dieser Artikel auch
über Guantánamo und Abu Ghreib.

Heinrich Heine hat in seinem „Wintermärchen" festgehalten, worin die Macht
von Literatur liegt; die Untaten der Herrscher werden erst so richtig bekannt und
werden nicht vergessen. Ein Trost?

Kennst du die Hölle des Dante nicht,
die schrecklichen Terzetten?
Wen da der Dichter hineingesperrt,
den kann kein Gott mehr retten –

kein Gott, kein Heiland erlöst ihn je
aus diesen singenden Flammen!
Nimm dich in acht! Dass wir dich nicht
zu solcher Hölle verdammen.

Toni Waibel und Erich Mühsam,
beide zu 15 Jahren Festungshaft verurteilt

Nikolaus Brauns

# Erich Mühsam an der Seite der proletarischen politischen Gefangenen

„Vergesst eure Not, eure Leiden nicht! Ich lehr euch: Gedächtnis!"[1], heißt es in einem im Gefängnis verfassten Gedicht Erich Mühsams. Das Gedächtnis an den Dichter und Anarchisten verbindet die Erich-Mühsam-Gesellschaft auf ihrer diesjährigen Jahrestagung in Bad Malente mit dem Eintreten für die Rechte politischer Gefangene und gegen Folter und Todesstrafe.

Erich Mühsam kannte das Schicksal politischer Gefangener aus eigener bitterer Erfahrung. Während des ersten Weltkrieges wegen politischer Agitation monatelang interniert wurde er 1919 nach der Niederschlagung der Münchner Räterepublik am 12. Juli 1919 durch ein „von Sozialdemokraten eingesetztes Tribunal von königlichen Offizieren auf Grund monarchistischer Gesetze" als „treibende Kraft" hinter der Räterepublik wegen Hochverrats zu 15 Jahren Festungshaft verurteilt.[2] Ich werde hier nicht näher auf die Schikanen und Qualen der Haftzeit insbesondere in der Festung Niederschönenfeld eingehen, da sich andere Beiträge auf dieser Tagung detailliert damit auseinandersetzen.

Am 20. Dezember 1924 kam Mühsam, der durch die Strapazen der Haft in der „Hölle Niederschönenfeld" die Hörkraft auf einem Ohr eingebüßt hatte, auf Bewährung frei. Seine Freilassung verdankte er außer einer Kampagne der Roten Hilfe und anderer ausgerechnet Adolf Hitler. Um einen Aufschrei der demokratischen Öffentlichkeit zu verhindern, wurden bei der vorzeitigen Entlassung des Nazi-Führers aus der Festung Landsberg zum Ausgleich auch einige Räterepublikaner freigelassen.

> Mit welchem Herzschlag ich die Begrüßung durch die vielen Tausende revolutionärer Klassenkämpfer erlebte, wird ungefähr nachfühlen können, wer sich in die Lage eines Menschen hineinzudenken vermag, der mitten aus lodernder Revolution heraus ins Gefängnis geworfen, nach fast sechs Jahren brutaler Mißhandlung ins Leben zurückkehrt und sich beim Aussteigen aus dem Zuge umringt sieht von jubelnden Massen, unter deren zahllosen roten Fahnen brausend und mächtig der revolutionäre Sturmgesang, die Internationale, zum besternten Winterhimmel hinaufschallt.[3]

So erinnerte sich Mühsam an den stürmischen Empfang der Freigekommenen in München und Berlin.

---

1 Erich Mühsam, Sammlung 1898–1928, Berlin 1928, S. 188 „Vermächtnis".
2 Erich Mühsam, Von Eisner bis Leviné. Die Entstehung der bayerischen Räterepublik, Berlin 1929, S. 3.
3 Der Rote Helfer, 1. April 1926, S. 6.

Mühsam, der sich schon während seiner Haftzeit mit rechtlichen Fragen befaßt hatte und neben der Verteilung von Spendengeldern seinen Mitgefangenen auch Rechtshilfe erteilt hatte, legte nach seiner Haftentlassung seinen politischen Arbeitsschwerpunkt auf die Gefangenenhilfe. Hierzu trat er der Roten Hilfe Deutschlands bei.

## Die Rote Hilfe Deutschlands

Die Rote Hilfe war nach dem Aufstand der Mansfelder Arbeiter gegen den provokativen Einmarsch der Schutzpolizei in das mitteldeutsche Industrierevier im März 1921 gegründet worden. In Folge des von der Polizei blutig niedergeschlagenen Aufstandes fanden sich eine Vielzahl von Arbeiterfamilien ihrer männlichen Ernährer beraubt, weil diese von der Polizei nach dem Ende der Kämpfe erschlagen, von Ausnahmegerichten zu langjährigen Haftstrafen verurteilt oder in anderen Landesteilen vor einer drohenden Verhaftung untergetaucht waren. Der KPD-Politiker Wilhelm Pieck rief am 12. April 1921 in der Parteizeitung „Rote Fahne" zur Solidarität mit den Verfolgten auf.

> Die Familien der Gefangenen und Verwundeten gilt es zu unterstützen. Den Eingekerkerten müssen die Tage der Freiheitsberaubung erleichtert werden durch unser Hilfswerk. Rechtsschutz müssen wir denen bringen, die man noch vor die Gerichte schleifen wird. Um dieses Werk proletarischer Solidarität vollbringen zu können, hat sich aus den Kreisen der Arbeiterschaft die „Rote Hilfe" gebildet. [...] Arbeiter, Klassengenossen! Organisiert sofort Geld- und Lebensmittelsammlungen. Kein Lohntag darf vorübergehen, wo nicht jeder Arbeiter seinen Beitrag zur Unterstützung der Opfer leistet. In allen Versammlungen und in den Wohnungen der Arbeiter muß gesammelt werden für die Opfer des proletarischen Befreiungskampfes. Es lebe der revolutionäre Kampf des Proletariats! Es lebe die revolutionäre Solidarität![4]

Zu den primären Aufgaben der Rote-Hilfe-Komitees gehörte die Versorgung der Familien politischer Gefangener mit Geld- und Sachspenden sowie juristische und moralische Hilfe für die Gefangenen und Verfolgten. Dazu kamen illegale Fluchthilfeaktivitäten für die untergetauchten Revolutionäre, die mit falschen Papieren versehen wurden. 1924 wurden die zuerst im Rahmen der KPD aktiven Rote-Hilfe-Komitees zu einer eigenständigen Mitgliederorganisation der Roten Hilfe Deutschlands ausgebaut. Die Rote Hilfe setzte sich neben ihrem Tageskampf für die Amnestierung linker politischer Gefangener auch für ein uneingeschränktes Asylrecht, eine Humanisierung des Strafvollzugs und ein fortschrittliches Sexualstrafrecht ein. Der vom Maler Heinrich Vogeler der Roten Hilfe überlassene Barkenhoff in Worpswede wurde ebenso zu einem Erholungsheim für die Kinder proletarischer politischer Gefangener ausgebaut, wie das MOPR-

---

4 Rote Fahne, Nr. 167, 15. April 1921.

Heim im thüringischen Luftkurort Elgersburg. Im Rahmen der weltweit mit Sektionen vertretenen Internationalen Roten Hilfe leistete die RHD internationale Solidarität. Sie kämpfte gegen die drohende Hinrichtung von Arbeiteraktivisten in den USA und schloss Patenschaften mit politischen Gefangenen in den von rechtsgerichteten Diktaturen beherrschten Staaten Ost- und Südosteuropas sowie dem faschistischen Italien.[5]

Obwohl offiziell überparteilich blieben alle führenden Posten der RHD von Funktionären der KPD besetzt. Vorsitzender war der KPD-Reichstagsabgeordnete und spätere Präsident der DDR Wilhelm Pieck. Die Überparteilichkeit äußerte sich dagegen in der Mitgliedschaft und den Unterstützungsfällen. Während rund die Hälfte der Mitglieder zugleich der KPD angehörte, war die andere Hälfte parteilos. Ein Unvereinbarkeitsbeschluss der SPD sowie ähnliche Beschlüsse anarchistischer Vereinigungen trugen ebenso dazu bei, dass nur eine verschwindend geringe Zahl von Sozialdemokraten, Anarchisten und bürgerlich-demokratischen Mitgliedern der Roten Hilfe angehörten, wie die zunehmende Dominanz der KPD-Politik unter ihrem Vorsitzenden Ernst Thälmann. Strömungskämpfe innerhalb der Kommunisten wurden Ende der 20er Jahre ebenso auf die Rote Hilfe übertragen und führten zu Ausschlüssen führender Mitglieder wegen „Rechtsopportunismus" oder „Linksradikalismus". Dazu kam die auch von der Roten Hilfe vertretene verhängnisvolle These von der Wandlung der Sozialdemokratie zum Sozialfaschismus. Neben Tausenden Kommunisten verteidigten die Rechtsanwälte der Roten Hilfe jedoch auch Mitglieder der sozialdemokratischen Wehrorganisation Reichsbanner nach Kämpfen gegen die SA. Die Rote Hilfe kämpfte in großen Kampagnen auch für die Freilassung inhaftierter Anarchisten und Rätekommunisten sowie des von den Nazis zur KPD übergetretenen Reichswehrleutnant Richard Scheringer und des radikalen Bauernaktivisten Claus Heim. Kurz vor ihrem Verbot durch das faschistische Regime zählte die Rote Hilfe Deutschlands rund eine halbe Million Einzelmitglieder sowie Hunderttausende Mitglieder kollektiv beigetretener Arbeiterorganisationen, Betriebsbelegschaften, Sportvereinen etc. Damit wurde sie neben den Arbeiterparteien KPD und SPD sowie den Gewerkschaften zur zahlenmäßig stärksten und einflussreichsten proletarischen Massenorganisation.

Organisationen wie die Liga für Menschenrechte, die in ihrer Mitte eine Vielzahl demokratisch gesinnter Intellektueller zählten, setzten sich in den 20er und frühen 30er Jahren für eine Amnestierung politischer Gefangener aus der Arbeiterbewegung sowie eine Reform des Strafvollzugs ein. Viele dieser Intellektuellen, Künstler und Wissenschaftler waren auch im Umfeld der Roten Hilfe aktiv. Der studierte Jurist Kurt Tucholsky gehörte dem Zentralvorstand der RHD an, Physiknobelpreisträger Albert Einstein warb für die Kindererholungsheime der

---

5  Zur Roten Hilfe Deutschlands und ihren Aktivitäten siehe: Nikolaus Brauns: Schafft Rote Hilfe! Geschichte und Aktivitäten der proletarischen Hilfsorganisation für politische Gefangene (1919–1938), Bonn 2003.

Roten Hilfe, die Schriftsteller Thomas und Heinrich Mann gaben ihre Unterschriften bei Amnestiekampagnen, und die Künstlerin Käthe Kollwitz stellte Zeichnungen zum Verkauf bei Spendenkampagnen zur Verfügung. Dies sind nur einige Beispiele. Diese Persönlichkeiten des Weimarer Kulturbetriebes gaben der Roten Hilfe erst ein Gesicht und die Möglichkeit, in Kreise jenseits des linksproletarischen Ghettos hineinzuwirken. Sie verhalfen der Roten Hilfe und ihren Kampagnen zu Glaubwürdigkeit und boten einen gewissen Schutz vor Polizeiverfolgung.

Ihre Motive bei der Unterstützung der Roten Hilfe reichten von der Hingabe an den Kommunismus über ein humanistisches Mitgefühl mit unschuldigen Opfern, einem starken Gerechtigkeitsgefühl bis zur dezidierten Verteidigung der demokratischen Errungenschaften der Weimarer Republik. Als stellvertretend für die Motivation vieler nicht-marxistischer Intellektueller mag die Argumentation des Schriftstellers Thomas Mann gelten, mit der er 1926 gegen die strafrechtliche Verfolgung von Spendensammlern der Roten Hilfe protestierte.

> Der Staat macht politische Gefangene doch nicht aus Grausamkeit und Rachsucht, die sich auch auf die Frauen und Kinder der Eingezogenen erstrecken könnte, sondern in der Überzeugung, sich gegen den Änderungswillen gewisser Angehöriger schützen zu müssen. Er sollte froh sein über das Bestehen einer Organisation, die bereit ist, ihm die Sorge für die unschuldigen Opfer abzunehmen und ihm so das Gewissen zu entlasten. Auch sollte er gerecht sein und es nicht als ruchlos ansehen, wenn die Organisation sogar den Gefangenen selbst ihr Los menschlich erleichtern sich bemüht, denn es ist nachgewiesen, daß er ein Auge zuzudrücken wußte, als es galt, gegriffenen Verbrechern aus genehmerer Gesinnung eine seelische Aufrichtung zuteil werden zu lassen, die bis zur Gewährung der Fluchtgelegenheit ging.[6]

Von der Masse dieser humanistischen Persönlichkeiten unterschied sich Erich Mühsams Engagement in der Gefangenenhilfe durch seine eigene Hafterfahrung und eine weitergehende politische Motivation. Einerseits verspürte Mühsam der Organisation gegenüber, die ihn während der Haft unterstützt hatte, große Dankbarkeit. Mit seiner politischen Aktivität hoffte er, etwas von der Solidarität zurückzugeben, die er erfahren hatte:

> Damals habe ich es den Klassengenossen und mir selbst gelobt, bis zu dem Tage, der wieder alles und unser Ganzes fordern wird, meine Arbeit und meine Energie denen zu widmen, *die in den deutschen Menschenkäfigen zurückbleiben mußten*, denen, die zum Nachfüllen der leer gewordenen Zellen weiterhin die Opfer der politischen Justiz sein würden.[7]

Doch Mühsams Überlegungen gingen weiter. In der Roten Hilfe mit ihrem überparteilichen Anspruch sah er die Chance zur Verwirklichung einer „Einheits-

---

6  Reinhardt, Stephan (Hg.), Die Schriftsteller und die Weimarer Republik, Berlin, S. 136.
7  Der Rote Helfer, 1. April 1926, S. 6.

front des revolutionären Proletariats" von der KPD und Kommunistischen Arbeiterpartei über anarchosyndikalistische Verbände bis zu Zirkeln kommunistischer Anarchisten.[8] Gegenüber einer Zeitung der Roten Hilfe führte Mühsam aus:

> Rote Hilfe bedeutet Bekenntnis zum 18. März und zu allen Versuchen der Unterdrückten und Ausgebeuteten, sich gegen ihre Unterdrücker und Ausbeuter zur Wehr zu setzen. [...] Die Rote Hilfe bedeutet somit ein überparteiliches Solidaritätswerk für proletarische Klassenkämpfer. Überparteilich aber heißt nicht unpolitisch. Die Rote Hilfe ist und muß sein eine Klassenkampforganisation ohne bestimmte politische Programmbildung. [...] An den Kerkertoren, vor den Käfiggittern unserer Gefangenen hat der Bruderzwist zu schweigen, da gilt es gemeinsamen Kampf aller, die ihre Genossen unter den Justizopfern wissen, aller, die aller gefangenen Revolutionäre in Dankbarkeit gedenken. Einigung des revolutionären Proletariats zu diesem Kampfe, vorerst nur zu diesem – das bedeutet die Rote Hilfe.[9]

Kritisch sah Mühsam allerdings die Bemühungen der Roten Hilfe, auch eine größere Masse von Sozialdemokraten für die Solidaritätsorganisation zu gewinnen. Er befürchtete, „daß die beteuerte Überparteilichkeit wie anderswo in einem „Einheitsfront"-Brei verrührt wird, den nur die Verbrüderung mit den schwarz-rot-goldenen Republikanern würzt, während die Proletarier, die innerlich zu den revolutionären Taten der inhaftierten Genossen stehen, als unschmackhaft heraus geschöpft werden". Auch die Umwerbung „reicher Bürger" zur Geldbeschaffung erschien Mühsam bedenklich.

> Wirkliche Hilfe bringt den proletarischen Justizopfern nicht der gelegentliche Hundertmarkschein eines freundwilligen Gönners, sondern immer nur der dem eigenen Hunger abgesparte Groschen der dankbaren Klassenbrüder, die wissen, daß Solidarität Hilfe auf Gegenseitigkeit heißt und daß die Unterstützung der Roten Hilfe niemals Wohltätigkeit sein darf, sondern immer Klassenkampf-Handlung und revolutionäres Bekenntnis.[10]

Schon kurz nach seiner Haftentlassung trat Mühsam als Wanderredner auf Dutzenden Amnestiekundgebungen der Roten Hilfe auf. So organisierte die Rote Hilfe Berlin-Brandenburg am 4. Januar 1925 eine Kundgebung zum Thema „Heraus mit den politischen Gefangenen! Her mit der Reichsamnestie!", mit Mühsam, seinem ehemaligen kommunistischen Mitgefangenen Fritz Sauber und dem Vorsitzenden der Roten Hilfe Wilhelm Pieck als Redner.[11] Auf der I. Reichstagung der Roten Hilfe Deutschlands am 17. Mai 1925 hielt Mühsam ein

---

8  Siehe: Nikolaus Brauns, Einigung des revolutionären Proletariats ... in der Roten Hilfe: Rätekommunisten, Syndikalisten, Anarchisten und die Rote Hilfe, in: Mühsam-Magazin, Heft 10, 2003.
9  Der Rote Helfer, 4/1927, S. 7.
10 Die Rote Hilfe, Fanal, Jg. 1, Nr. 6, März 1927.
11 Rote Fahne, 1. Januar 1925.

Referat über den Strafvollzug in Bayern.[12] Seine Einleitung sorgte für Heiterkeit bei den Kongressteilnehmern:

> Die Tagesordnung der gegenwärtigen Versammlung, die uns zugestellt worden ist, enthält in dem Punkt 4, wahrscheinlich ohne Absicht der Einberufer, aber doch mit einem tiefen Grund, eine merkwürdige Unterscheidung, die sagt a) der Strafvollzug in Theorie und Praxis, b) in Bayern. Tatsächlich hat der Strafvollzug in Bayern nichts mit allem zu tun, was in Theorie und Praxis an Strafvollzug an politischen Gefangenen erlebt worden ist.[13]

Aus eigener leidvoller Erfahrung schilderte Mühsam anschließend den Vollzug der Festungshaft in Bayern.[14]

### Gerechtigkeit für Max Hoelz

Schon während seiner Festungshaft hatte Erich Mühsam seine Sympathien mit dem „Kesselheizer der Revolution" Max Hoelz deutlich gemacht. Die von Hoelz verkörperte Propaganda der Tat entsprach viel eher dem Naturell des Anarchisten Mühsam als das geduldige Abwarten auf eine gemäß der marxistischen Theorie aus den inneren Widersprüchen der kapitalistischen Ordnung erwachsenden sozialistischen Revolution. Mühsams während der Festungshaft im April 1920 verfasster Max-Hölz-Marsch ist ein flammendes Plädoyer für den bewaffneten Aufstand und die revolutionäre Tat.

> Genossen, zu den Waffen!
> Heraus aus der Fabrik!
> Sprung auf, marsch marsch! Es lebe
> die Räterepublik!
> Es lebe der Kommunismus,
> es lebe die Tat!
> Es lebe, wer sein Leben gibt
> fürs Proletariat!
>    Doch unser Sieg ist nah;
>    Max Hölz ist wieder da!
>    Er hält die rote Fahne hoch
>    und schwingt sie: Hurra![15]

---

12 Resolutionen der Reichstagung Rote Hilfe Deutschlands am 17. Mai 1925, SAPMO I 4/4/1 Bl. 119–138.
13 Ebda. Bl. 119.
14 Ebda. Bl. 119–138.
15 Max-Hölz-Marsch.

Als dieses Gedicht der Anstaltsverwaltung von Niederschönenfeld in die Hände fiel, wurde Mühsam mit einer Verschärfung der Einzelhaft durch Hofentzug und hartes Lager ohne Bettzeug, Decken und Kissen bestraft.

Der Landarbeitersohn Max Hoelz war im ersten Weltkrieg zur revolutionären Arbeiterbewegung gestoßen. Als Vorsitzender des Falkensteiner Arbeitslosenrates organisierte er 1919 „Expropriationen" reicher Bürgern, um das Geld an die hungernden Arbeiter zu verteilen. Steckbrieflich gesucht zog er als Agitator durch Deutschland und leitete 1920 in Falkenstein und Umgebung den Widerstand gegen den monarchistischen Kapp-Putsch. Während der mitteldeutschen Märzkämpfe 1921 organisierte Hoelz eine Arbeiterguerilla. Zur Einschüchterung der Bourgeoisie ließ Hoelz einige Villen räumen und jagte sie in die Luft. Von der KPD wurde dies als „Anarchismus" verurteilt. Durch diese Aktionen hatte sich der „Zündelmax" bald einen solchen Bekanntheitsgrand geschaffen, dass häufig die bloße Nennung seines Namens genügte, um gewaltfreie Requirierungen vorzunehmen.[16]

Im April 1921 wurde Hoelz verhaftet und im Juni zu lebenslanger Haft verurteilt. Ihm wurde die Ermordung eines Gutsbesitzers bei einem Überfall auf einen Bauernhof vorgeworfen. Hoelz bestritt diese Tat. Später sollte sich der wirkliche Täter freiwillig stellen. In seiner „Anklagerede gegen die bürgerliche Gesellschaft" verteidigte Hoelz seine revolutionäre Überzeugung und den Kampf des mitteldeutschen Proletariats gegen alle Verleumdungen. Neben der Roten Hilfe und ihren Rechtsanwälten Felix Halle und Alfred Apfel setzten sich auch demokratische Kreise um die Zeitschriften „Das Tagebuch" und „Die Weltbühne" für den durch offensichtliche Klassenjustiz wegen eines nicht begangenen Mordes verurteilten Hoelz ein. Um die Verbindung zu ihm im Gefängnis aufrechtzuerhalten, ging Hoelz eine Scheinehe mit einer Kommunistin ein, die von nun an als „Frau Hoelz" auf den Versammlungen der Roten Hilfe sprach.

Einen wesentlichen Anteil zur Entfachung einer breiten Bewegung für die Wiederaufnahme des Verfahrens und die Freilassung des Hoelz hatte Erich Mühsams Broschüre „Gerechtigkeit für Max Hoelz". Penibel rollte der Dichter den Fall Hoelz auf, wies dessen Unschuld nach und schilderte seine Qualen im Gefängnis. Mühsam schrieb:

> Ich billige ausdrücklich seine Taten! –, gerade deshalb glaube ich das Recht zu haben auch vor Freunden, vor Indifferenten und vor Gegnern für ihn einzutreten. Unrecht ist alles, was in Deutschland irgendwo gegen politische Gefangene geschieht! Unrecht ist mehr als alles andere, daß es in Deutschland immer noch politische Gefangene gibt! Der Großteil des deutschen Proletariats empfindet solidarisch mit den Opfern der Klassenjustiz. Wir fordern Generalamnestie, nicht als

---

16 Zu Max Hoelz siehe: Peter Giersich/Bernd Kramer: Max Hoelz – Sein Leben und sein Kampf, Berlin 2000; Max Hoelz: Vom weißen Kreuz zur roten Fahne, Jugend-, Kampf- und Zuchthauserlebnisse, Frankfurt 1969.

Akt der Gnade, sondern als Akt der primitivsten Gerechtigkeit! Will die Reichsregierung zeigen, daß ihr die Stimme des beleidigten Volksgewissens noch das
geringste gilt, dann schaffe sie als ersten Ausdruck ihrer Abkehr vom Wege der
Erbarmungslosigkeit und Klassenwillkür Gerechtigkeit für Max Hoelz!

Ende 1926 hatte die Auflage der von der Roten Hilfe veröffentlichten Broschüre
bereits 45.000 Stück erreicht und wurde damit zu Mühsams größtem Bucherfolg
überhaupt.

Als unter dem Druck der breiten Amnestiebewegung die sozialdemokratisch geführte Reichsregierung am 14.Juli 1928 ein weitreichendes Amnestiegesetz ver-
kündete, fiel endlich auch Max Hoelz darunter. Zu einer Wiederaufnahme des
Prozesses ist es somit nie gekommen, der Justizirrtum musste nicht eingestanden
werden.

## Sacco und Vanzetti

Mit der Hinrichtung zweier Unschuldiger ging am 23. August 1927 ein sieben-
jähriger Justizskandal zu Ende, der wie kaum ein anderer Fall die klassenbe-
wussten Arbeiter, aber auch das demokratische Bürgertum in aller Welt bewegt
hatte. Unter dem Eindruck der russischen Oktoberrevolution war es in den USA
zu einer Hexenjagd gegen „Rote" und „Anarchisten" im ganzen Land gekommen. Anfang Mai 1920 verhaftete die Polizei auch die italienischstämmigen
Anarchisten Nicola Sacco und Bartolomeo Vanzetti. Ihnen wurde die Beteiligung an mehreren Raubmorden zur Last gelegt, obwohl zahlreiche Zeugen zu
ihren Gunsten aussagten. Diese Widersprüchlichkeiten versuchte Staatsanwalt
Frederik Katzmann zu umgehen, indem er Sacco und Vanzetti „unamerikani-
sches" Verhalten wegen ihrer Flucht vor dem Militärdienst während des Krieges
vorwarf. Obwohl der zum Tode verurteilte Celestino Madeiros, der an dem Überfall auf die Geldboten beteiligt war, versicherte, dass Sacco und Vanzetti mit der
Angelegenheit nichts zu tun hatten, lehnte der Oberste Staatsgerichtshof von
Massachusetts im Mai 1926 einen Wiederaufnahmeantrag ab. In seltener Einheit
protestierten anarchistische, kommunistische und sozialdemokratische Organisationen in aller Welt gegen das politisch motivierte Urteil. Trotz der Proteste und
Appelle von Millionen Menschen wurden Sacco und Vanzetti in der Nacht des
23. auf den 24. August 1927 auf dem elektrischen Stuhl ermordet. 1977 wurden
sie posthum vom Gouverneur von Massachusetts, Michael Dukakis, rehabilitiert.[17]

---

17 Zur Kampagne der Roten Hilfe für Sacco und Vanzetti siehe u. a.: Nikolaus Brauns: Schafft Rote
Hilfe! Geschichte und Aktivitäten der proletarischen Hilfsorganisation für politische Gefangene
(1919–1938), Bonn 2003, 230–238; Johannes Zelt: Proletarischer Internationalismus im Kampf um
Sacco und Vanzetti. Unter besonderer Berücksichtigung der Solidaritätskampagne in Deutschland
und der Tätigkeit der Internationalen Roten Hilfe, Berlin 1958.

Vor allem literarisch griff Erich Mühsam das Schicksal seiner in den USA er-
mordeten Gesinnungsgenossen auf. Das 1928 für die Piscator-Bühne verfasste
Drama „Staatsräson – Ein Denkmal für Sacco und Vanzetti" zeigte anhand der
verschiedenen Stationen des Justizdramas den Zusammenhang zwischen Kapitalismus und bürgerlicher Klassenjustiz auf. Das Dokumentarstück versuchte mit
beträchtlichem Erfolg, die Empörung über die US-amerikanischen Justizmorde
auch gegen die Weimarer Justiz zu mobilisieren.

Das Gedicht „Sacco und Vanzetti" spiegelt in zwei Teilen den Todeskampf der
beiden Anarchisten in den Jahren 1926 und 27 wider. Auch hier zeigt Mühsam
den Zusammenhang von Kapitalismus und Klassenjustiz auf. Außerdem stellt er
dem bis dahin in Deutschland vorherrschenden Amerika-Bild vom Land der un-
begrenzten Möglichkeiten mit seinen Sportlern und Fliegerhelden ein anderes,
ein blutiges Amerika gegenüber:

**Sacco und Vanzetti**

*ermordet am 17. August 1927*

I (1926)

Achtung! Hochspannung! Kommt nicht zu nah
dem Richterstuhl in Amerika!
Die Ordnung in den Vereinigten Staaten
bestimmt sich am Hauptbuch der Ölmagnaten.
Trittst du für das Recht der Proleten ein,
so wirst du ein Räuber und Mörder sein.
An Mordtaten fehlt es im Lande nicht:
Dass du sie begingst, beweist jedes Gericht.

Sacco! Vanzetti! Ihr schüret die Glut
des Kampfes im Proletarierblut.
Nie schonte der Hass der Dollardespoten
die Kämpfer, die ihren Profit bedrohten,
Sie haben euch vors Tribunal geschleppt:
Räuber und Mörder! – Bewährtes Rezept.
Elektrischer Stuhl! Der Spruch ist gefällt. –
Achtung Hochspannung! – Es zittert die Welt!

Der Stuhl ist geladen – sechs Jahre schon! –
für euch zwei Männer der Revolution.
Jetzt haben die Henker das Ende beschlossen.
Proletarier der Welt! Helft, helft den Genossen! …
Sacco! Vanzetti! Die Arbeiterschaft
braucht eurer Leben noch, braucht eure Kraft!

Ihr standet für alle, – jetzt alle für zwei!
Achtung! Hochspannung! – Wir kämpfen euch frei!

II (Juli 1927)

Gestreift, besternt von den Dächern weht's.
Es feiert der Zukunft Boten
das Sternenbanner der United States.
Heil euch, ihr tapferen Piloten!
Es jubelt die ganze alte Welt
auch jauchzt zu Amerikas Ehre:
Ein neuer Rekord ward aufgestellt
in der Bezwingung der Meere!

Doch während die Flieger in Nacht und Nebel und Graus
zwischen Himmel und Ozean schweben,
da schweben zwei Männer im Kerkerhaus
jahrelang zwischen Sterben und Leben.
Und während Europa mit Hoch und Hurra
Amerikas Sporthelden huldigt,
da werden im selben Amerika
zwei Schuldlose tödlich beschuldigt.

Seit sieben Jahren in Einsamkeit,
an Leib und Seele geschunden!
Seit sieben Jahren dem Tode geweiht,
des Richterstuhles fällig befunden!
Der Sheriff sagt: Schuldig! – Die Welt ruft: Nein!
Doch Spitzel und falsche Zeugen
sind billig. Sie schwören Stein und Bein,
um Wahrheit und Recht zu beugen.

Was lasst ihr Vanzetti und Sacco nicht los,
ihr Richter, aus ihren Zellen? –
Sind doch zwei arme Proleten bloß.
Wie? Aufrührer sind's und Rebellen!
Ja! Darum die siebenjährige Qual
und darum: Rache den Mördern!
Und darum will man sie dieses Mal
Endgültig zum Henker befördern!

Mord?! Menschen, der Richter sinnt auf Mord!
Ihn mag's in die Ohren gellen:
Haltet ein, Amerika, diesen Rekord an Niedertracht aufzustellen![18]

Der Justizmord an Sacco und Vanzetti erinnert in erschütternder Weise an das Schicksal der als angebliche Sowjetspione 1953 in New York hingerichteten Ethel und Julius Rosenberg sowie des seit 24 Jahren in Philadelphia in der Todeszelle sitzenden afroamerikanischen Journalisten und Mühsam-Preisträgers Mumia Abu-Jamal.

## Bruchlinien

Voraussetzung für Mühsams Beitritt zur kommunistisch geführten Roten Hilfe war die Zusicherung, niemals seinen Charakter als Anarchist verleugnen zu müssen. Bei den meisten Anarchisten stieß Mühsam durch sein Engagement für die Rote Hilfe auf Unverständnis und sogar offene Feindschaft. In Hamburg sprengten Anarchisten 1925 eine Versammlung, auf der Mühsam für den Beitritt zur Roten Hilfe warb. Im Oktober 1925 verfügte die Föderation Kommunistischer Anarchisten Deutschlands den Ausschluss Mühsams wegen dessen angeblicher Nähe zur KPD und seiner Tätigkeit für die Rote Hilfe. „Erich Mühsam betreibt offen eine propagandistische Tätigkeit im Interesse der Kommunistischen Partei", begründete die FKAD, Mühsam nicht mehr als Anarchisten zu betrachten und ihn fortan nicht mehr auf ihren Versammlung sprechen zu lassen. Lediglich die von Mühsam geleitete Anarchistische Vereinigung Berlin hatte kein Problem mit dessen Engagement für die Rote Hilfe. Dort sprach Mühsam im Oktober 1926 auch zum Thema „Die Rote Hilfe und die linken proletarischen Organisationen".[19]

Ein Streitpunkt zwischen Erich Mühsam und der Mehrheit der Roten Hilfe betraf die linken politischen Gefangenen in der Sowjetunion. In den Jahren des Bürgerkrieges hatten die Bolschewiki auch anarchistische und sozialistische Kritiker inhaftiert, nachdem von Sozialrevolutionären Attentate gegen Lenin und andere Vertreter der Sowjetmacht verübt wurden und sich die sozialdemokratischen Menschewiki offen mit der internationalen Gegenrevolution verbündeten. In den russischen „Gefangenen- und Konzentrationslagern" befänden sich nur 1500 politische Gefangene, darunter „Monarchisten und weißgardistische Generäle, aber auch Sozialdemokraten, Sozialrevolutionäre und Anarchisten", die „durchwegs keine Arbeiter" seien und während des Bürgerkrieges versucht hät-

---

18 Erich Mühsam, Sammlung 1898–1928, Berlin 1928, S. 208/9.
19 Zum Verhältnis von Anarchisten und der Roten Hilfe siehe: Nikolaus Brauns: Einigung des revolutionären Proletariats ... in der Roten Hilfe: Rätekommunisten, Syndikalisten, Anarchisten und die Rote Hilfe, in: Mühsam-Magazin, Heft 10, 2003.

ten, der „Konterrevolution zum Siege zu verhelfen", war 1924 in einem Aufruf der IRH in der Roten Fahne zu lesen.[20] Die russischen Gefängnisse seien keine Strafanstalten, sondern „Korrektionsanstalten", in denen sich die Gefangenen „absolut frei und selbstständig zusammenfinden können zu Zirkeln, um ihre Weiterbildung zu betreiben"[21].

Als Kompromiss zwischen dem Schweigen der Roten Hilfe zu den politischen Gefangenen in der Sowjetunion einerseits und seinem anarchistischen Selbstverständnis andererseits beschränkte Mühsam seinen Einsatz für die Rote Hilfe auf die Unterstützung zugunsten linker politischer Gefangener in Deutschland.

> Ich habe die Wahl getroffen, meine Agitation innerhalb der Roten Hilfe auf den Befreiungskampf für die gefangenen und verfolgten deutschen Genossen zu beschränken. Für die Beteiligung an den Protestaktionen der RH zugunsten der Revolutionäre im Ausland werde ich erst zu haben sein, wenn entweder Rußland den übrigen Ländern mit einer General-Amnestie für alle Revolutionäre, soweit sie 1917 unter der roten oder schwarzen Fahne gekämpft haben, vorangeht, oder wenn die Rote Hilfe Deutschlands anfängt, ihre Protest-Delegationen außer in die rumänischen, ungarischen, polnischen und bulgarischen auch in die russischen Gefängnisse zu entsenden und die Freilassung der proletarischen politischen Gefangenen der ganzen Welt nicht mit Ausnahmen fordert.[22]

Gleichzeitig veröffentlichte Mühsam in seiner Zeitschrift „Fanal" Solidaritätsaufrufe für politische Gefangene in der Sowjetunion. So drückte er beispielsweise einen Spendenaufruf für die Gefangenenhilfe der Auslandsdelegationen der Linken Sozialrevolutionäre sowie den Unterstützungsfonds der in Russland inhaftierten Anarchosyndikalisten und Anarchisten der Internationalen Arbeiter-Assoziation.[23]

Als Mühsam allerdings als Delegierter auf der Bezirkskonferenz der RHD Berlin-Brandenburg-Lausitz am 24. April 1927 die Forderung vertrat, die Rote Hilfe habe sich für eine Amnestie der linksrevolutionären Gefangenen und Verbannten Russlands einzusetzen, kam es zu einer heftigen Kontroverse mit Wilhelm Pieck. Dies führte dazu, „daß von meiner agitatorischen Mitwirkung keinerlei Gebrauch mehr gemacht wurde", erklärte der Dichter lapidar.[24]

Zum endgültigen organisatorischen Bruch zwischen Mühsam und der RHD kam es im Januar 1929, als für Mühsam die Dominanz der KPD in der Hilfsorganisation unerträglich wurde. Als unmittelbaren Anlass gab er den Beschluss der Roten Hilfe an, eine eigene Werbekampagne für das KPD-Organ „Rote Fahne" zu

---

20 Internationale Rote Hilfe: „Gegen den Weißen Terror!" in: Rote Fahne, 26. September 1924.

21 Rote Hilfe Deutschlands, Sozialdemokraten, parteilose Arbeiter und die Rote Hilfe, Bericht vom 2. Reichskongreß der RHD am 21. und 22. Mai 1927 in Berlin, Berlin 1927, S. 55 f.

22 Fanal, Jg. 1, 1927, S. 86.

23 Fanal, Jg. 1, Nr. 4, Januar 1927, Rückumschlag, Innenseite; siehe auch Fanal, Jg. 2, Nr. 4, Januar 1928, S. 96.

24 Der Austrittsbrief aus der Roten Hilfe ist abgedruckt in: Fanal, Jg. 3, Nr. 5, Februar 1929, S. 120–121.

starten.[25] Als weiteren Grund führte er „die Parteinahme der Roten Hilfe Deutschlands gegen die linksrevolutionären Gefangenen und Verfolgten in Rußland" an.[26] Mühsam erklärte die Überparteilichkeit der RHD für eine „Fiktion", der er und andere anarchistische Freunde lange angehangen seien.[27] Gleichzeitig strebe er weiterhin eine „kameradschaftliche Zusammenarbeit" mit der Roten Hilfe in der Gefangenenhilfe an.

Tatsächlich finden wir Mühsam auch in den folgenden Jahren als Redner auf Kundgebungen der Roten Hilfe. Sein Terminkalender vermerkt beispielsweise für den 3. Dezember 1930 einen gemeinsamen Gefängnisbesuch mit dem Rote-Hilfe-Vorstandsmitglied Erich Steinfurth. Mühsam und Steinfurth protestierten beim Direktor der Haftanstalt Tegel und am folgenden Tag beim Justizministerium gegen Gefangenenmisshandlungen. Anschließend referierte Mühsam auf Einladung der Roten Hilfe im Moabiter Gesellschaftshaus über den Haftvollzug in Tegel.

Im Jahr 1932 beteiligte sich Erich Mühsam auch an einer internationalen Kampagne der Roten Hilfe zur Rettung der sogenannten Scottsboro-Boys. Acht afroamerikanische Jugendliche im Alter von 14 bis 20 Jahren waren von einer rassistischen Justiz inzwischen aufgrund falscher und erpresster Beschuldigungen wegen einer angeblichen Vergewaltigung zweier weißer Prostituierter im amerikanischen Scottsboro/Alabama zum Tode verurteilt worden. Ein neunter Junge erhielt „lebenslänglich", da er erst 13 Jahre alt war. Im Frühsommer 1932 trat Erich Mühsam auf einer Kundgebung in Berlin zusammen mit dem Vorsitzenden der US-amerikanischen Roten Hilfe, der International Labour Defense, J. Louis Engdahl und einem schwarzen Arbeiter als Redner auf. Dabei steigerte sich Mühsam so in Rage, dass die Polizei die Veranstaltung gewaltsam auflöste. Aufgrund des internationalen Drucks kamen bis zum Jahr 1950 alle Scottsboro-Angeklagten frei.[28]

In der Nacht des Reichstagsbrandes 1933 begann für Erich Mühsam ein neues Martyrium durch verschiedene KZs, bis ihn die SS am 9. Juli 1934 in Oranienburg ermordete. Wieder war es die Rote Hilfe, die mit der von seiner Frau Zenzl verfassten Broschüre „Der Leidensweg Erich Mühsams" das Schicksal des Dichters in der Öffentlichkeit bekannt machte.[29] Zenzl selber, die auf Einladung der Roten Hilfe in die Sowjetunion geflohen war, geriet wie so viele andere in die „Menschenfalle Moskau". Sie konnte erst nach einem langen Irrweg durch die Lager des Stalinismus 1956 nach Deutschland zurückkehren.

---

25 Fanal, Jg. 3, Nr. 5, Februar 1929, S. 119.
26 Fanal, Jg. 3, Nr. 5, Februar 1929, S. 120.
27 Fanal, Jg. 3, Nr. 5, Februar 1929, S. 120.
28 Siehe: Nikolaus Brauns, Schafft Rote Hilfe! Geschichte und Aktivitäten der proletarischen Hilfsorganisation für politische Gefangene (1919–1938), Bonn 2003, 240–245.
29 Mühsam, Kreszentia, Der Leidensweg Erich Mühsams. Mit einem Vorwort von Werner Hirsch, Zürich/Paris 1935.

Die Aktualität des Themas „politische Gefangene" ist deutlich: Ein Ende der Menschenrechtsverletzungen im „Krieg gegen den Terror" sei nicht in Sicht, heißt es im gerade veröffentlichten Jahresbericht 2006 der Menschenrechtsorganisation amnesty international. „Guantánamo existiert weiter, immer noch halten die USA Menschen an geheimen Orten fest."

Auch Deutschland wird von amnesty international kritisiert. 11.000 Menschen verloren im Jahr 2005 ihre Anerkennung als Flüchtlinge. Ihnen droht die Abschiebung in Kriegs- und Krisengebiete wie Afghanistan oder den Irak. 20.000 Menschen werden jedes Jahr in deutschen Gefängnissen inhaftiert für das einzige „Vergehen", keine gültige Aufenthaltsgenehmigung zu besitzen.

Tausende politische Gefangene befinden sich heute in den Kerkern der Türkei, des Iran oder Israels. Doch auch in Deutschland gibt es noch politische Gefangene. Mit Eva Haule (seit 1986), Birgit Hogefeld (seit 1993), Christian Klar (seit 1982) und Brigitte Mohnhaupt (ebenfalls seit 1982) sind heute noch vier der ehemaligen RAF-Angehörigen in deutschen Gefängnissen inhaftiert. Johannes Weinrich, ehemaliger Aktivist der Carlos-Gruppe, wurde einzig aufgrund der Aussagen eines gepressten Kronzeugen sowie von Stasi-Akten zu lebenslanger Haft verurteilt. Dazu kommen türkische und kurdische Aktivisten, denen nach Verbüßung ihrer Haft oft noch die Auslieferung an die türkische Justiz droht.

Die Rote Hilfe und Erich Mühsam setzten sich für politische Gefangene aus der Linken und der Arbeiterbewegung ein. Heute haben wir es in den extralegalen Gefängnissen des CIA neben gänzlich Unschuldigen vor allem mit Islamisten zu tun. Diese Leute stehen uns politisch aufgrund ihrer reaktionär-religiösen Moralauffassungen fern. Doch wir dürfen nicht den Fehler machen, die Verteidigung des Rechts von persönlichen Sympathien abhängig zu machen. Denn schnell wird daraus ein Bumerang. Als der „Kalif von Köln" Kaplan trotz eines laufenden Asylverfahrens in Deutschland und drohender Folter vom damaligen Bundesinnenminister Otto Schily an die türkische Justiz ausgeliefert wurde, protestierten nur wenige. Wer wollte schon als Sympathisant dieses religiösen Eiferers gelten, der einen totalitären Gottesstaat errichten will? Doch mit Kaplans Abschiebung war ein Präzedenzfall geschaffen und die Tür geöffnet zur Auslieferung kurdischer Demokraten und türkischer Kommunisten.

Es geht hier nicht darum, über die angeblichen oder tatsächlichen Taten und Motive eines politischen Gefangenen zu urteilen. Es geht nicht darum, etwa die Ziele oder Methoden der RAF zu teilen. Die jetzt noch Gefangenen wurden schließlich alle wegen Mordes verurteilt, wird man häufig als Argument hören. Wieso sollen sie anders behandelt werden als andere Mörder? Tatsächlich wurden und werden diese Gefangenen, auch unter juristischen Aspekten, anders behandelt als andere wegen ähnlicher Vorwürfe Verurteilte: Die Verfahren und Bedingungen, unter denen sie verurteilt wurden, genügen ebenso wenig rechtsstaatlichen Maßstäben wie die Haftbedingungen. Die RAF-Gefangenen wurden von Sondergerichten und nach Sondergesetzen verurteilt, sie wurden in der Regel ohne konkreten Tatnachweis verurteilt, und sie wurden durch gekaufte Zeugen belastet.

Von Erich Mühsam können wir das kompromisslose Eintreten für die Rechte der Geschundenen und Erniedrigten ungeachtet ihrer Gesinnung oder ihres Parteibuches lernen. Im Sinne von Erich Mühsam sollten wir heute gegen den Abbau demokratischer Rechte im Namen der „Sicherheit", gegen die Demontage rechtsstaatlicher Strukturen, gegen eine Verrohung der internationalen Beziehungen durch eine Rückkehr zum weltweiten Faustrecht aktiv werden. „Schafft Rote Hilfe" – diese Parole hat nach 80 Jahren nichts von ihrer Aktualität verloren.

*das gedicht*
*„anwalt des schreckens"*
*wird beschlagnahmt*
*weil es als beweismittel*
*in betracht kommt*
*beschluss der XV. strafkammer*
*am landgericht düsseldorf*
*oktober 1976*[1]

Günther Gerstenberg

# „Wollen abwarten, ob Goliath diesmal über David Herr wird oder ob's wieder mal umgekehrt geht."

*Ein Beitrag zur Geschichte der Gefängnis- und Festungshaft Erich Mühsams 1919 bis 1924 mit Hilfe von Aktenfunden in den Münchner Archiven*

Im Staatsarchiv München und Oberbayern lagern im Bestand der Polizeidirektion München-Oberbayern sechs Akten mit der Signatur „Pol. Dir. 15590 ‚Erich Mühsam'". Nr. 1 beschäftigt sich mit dem „Soller"-Prozess 1909/1910, die Nr. 2 bis 6 bewahren Materialien aus der Revolutionszeit, der Zeit der Festungshaft und den Jahren 1925 bis 1934 auf. Ein Vergleich mit den Tagebüchern Mühsams[2] lässt vermuten, dass die Akten nicht ganz vollständig sind; Ereignisse, die sich hier hätten niederschlagen müssen, tauchen nicht auf.

Im Bestand der Staatsanwaltschaft München I im Staatsarchiv befinden sich unter der Signatur „2131 ‚Akten des Standgerichts München. Strafverfahren gegen Mühsam u. Genossen wegen Hochverrats'" drei Konvolute. Dem zweiten ist der Zusammenhang „Sammelakten der Staatsanwaltschaft bei dem Landgericht München I betr. Mühsam Erich, Schriftsteller, Urteilsbuch: B 577 a/19" eingefügt. Diese Akten umfassen den Zeitraum 1918 bis 1926.

---

1 Peter-Paul Zahl, *Freiheitstriebtäter. Lyrik, Prosa, Verfügungen, Gesetze, Maßnahmen und 1 Valentinade*, Hamburg 1979, S. 156. Peter-Paul Zahl, Drucker und Autor zahlreicher Gedichte, Romane und Theaterstücke, war in der APO aktiv. 1974 wurde er wegen gefährlicher Körperverletzung und Widerstands gegen die Staatsgewalt zu 4 Jahren Haft verurteilt. 1975 hob der Bundesgerichtshof den Richterspruch auf. Das neue Urteil lautete 15 Jahre Haft wegen „versuchten Mordes". Bis 1980 saß er in Einzelhaft, kam dann in den Normalvollzug und wurde im Dezember 1982 vorzeitig entlassen.
2 Erich Mühsam, *Tagebücher 1910 – 1924*. Hg. und mit einem Nachwort von Chris Hirte, München 1994.

Im Bayerischen Hauptstaatsarchiv liegen im Bestand StK, ehemals MA 99902, und MInn 71574 Beschwerden Mühsams bei der Bayerischen Staatsregierung und beim Justizministerium. Im Kriegsarchiv, der Abteilung IV des Bayerischen Hauptstaatsarchivs, finden sich im Bestand „Gruppenkommando 4" Wochenberichte der Münchner Polizeidirektion, in denen auch auf Mühsam und die Festungsgefangenen eingegangen wird.

In der Monacensia-Sammlung der Münchner Stadtbibliothek befinden sich außerdem in den literarischen Nachlässen noch einige Splitter. Weitere Informationen mögen überdies in nicht ausgewertete Akten in anderen Münchner Archiven liegen; der Verfasser würde Korrekturen und Ergänzungen der hier vorliegenden Schrift begrüßen.[3]

Über die Zeit der Haft von Erich Mühsam finden sich

1. zeitgenössische Berichte, z. B. von Ernst Niekisch, Max Josef Schwab und Ernst Toller[4],

2. zeitgenössische Zeitungsartikel und Protestnoten prominenter Zeitgenossen, zum Beispiel von Kurt Tucholsky oder Albert Einstein,

3. Untersuchungen von Biographen, z. B. von Heinz Hug, Chris Hirte und Gerd W. Jungblut[5],

4. Archiv-Akten mit Unterlagen, verfasst aus der Sicht der Behörden,

5. Selbstzeugnisse Erich Mühsams[6].

---

3 Der Autor dankt herzlich den Damen und Herrn der hier genannten Archive für ihre freundlichen Hilfestellungen sowie Frau Petra Dietrich und Frau Dr. Dytha Mund für wertvolle Hinweise.

4 Ernst Niekisch, *Gewagtes Leben. Begegnungen und Begebnisse*, Köln/Berlin 1958; Ders., Festung Niederschönenfeld. In: *Die Weltbühne* Nr. 45 vom 17.11.1921, S. 493 ff.; Ders., Lerchenfeld und Niederschönenfeld. In: *Die Weltbühne* Nr. 6 vom 8.2.1922, S. 136 ff.
(Max Josef Schwab), *Niederschönenfeld. Das bayerische Sibirien. Vom Festungsgefangenen Nr. 98*, Berlin 1925.
Ernst Toller, *Justiz. Erlebnisse*, Berlin 1927; Ders., *Briefe aus dem Gefängnis*, Amsterdam 1935; Ders., Das Schwalbenbuch. In: Ders., *Prosa. Briefe. Dramen. Gedichte*. Mit einem Vorwort von Kurt Hiller, Reinbek bei Hamburg 1961, S. 447 – 469; Ders., Dokumente bayrischer Justiz. In: *Die Weltbühne* Nr. 42 vom 16.10.1924, S. 583 ff.; Ders., Zwangsjacke. In: *Die Weltbühne* Nr. 44 vom 30.10.1924, S. 659 ff.; Ders., Bewährungsfrist. In: *Die Weltbühne* Nr. 45 vom 4.11.1924, S. 698 ff.; Ders., Vier Tage Niederschönenfeld. In: *Die Weltbühne* Nr. 47 vom 18.11.1924, S. 764 ff.; Ders., Aera Kraus. In: *Die Weltbühne* Nr. 50 vom 9.12.1924, S. 871 ff.; Ders., Willkür der Zensur. In: *Die Weltbühne* Nr. 51 vom 16.12.1924, S. 903 ff.; Ders., Niederschönenfeld in Gefahr. In: *Die Weltbühne* Nr. 52 vom 23.12.1924, S. 946.

5 Heinz Hug, *Erich Mühsam. Untersuchungen zu Leben und Werk*, Glashütten im Taunus 1974. – Chris Hirte, *Erich Mühsam: „Ihr seht mich nicht feige." Biografie*, Berlin (DDR) 1985. – Vorwort in: Erich Mühsam, *Handzeichnungen und Gedichte*. Hg. von Leon Hirsch. Kommentiert von Gerd W. Jungblut und Wolfgang U. Schütte, Leipzig 1984.

6 Erich Mühsam, Niederschönenfeld. Eine Chronik in Eingaben. Aus: Nachlass Margarethe Faas-Hardegger, Studienbibliothek zur Geschichte der Arbeiterbewegung, Zentralbibliothek Zürich. – Ders., Der Tod des bayerischen Landtagsabgeordneten August Hagemeister (in der Festungsanstalt Niederschönenfeld am 16. Januar 1923). In: *Mitteilungsblatt des Vereins sozialistischer Ärzte* Nr. 2/3 – 1925, S. 20 f. – Ders., Zellenordnung in der Ordnungszelle (über eine Eingabe aus Anlaß

Mühsam bringt die Zustände der Festungshaft wortgewaltig zu Papier, sobald es um das Schicksal von Mitgefangenen geht; seine Trauer, Verzweiflung, Sehnsucht, Wut und Hoffnung brechen fast nur in seinen Gedichten hervor. Es finden sich keine zur Veröffentlichung bestimmten analytischen Prosaschriften, die ihn zum Mittelpunkt der Ereignisse machen. Auch in Briefen an seine Verleger geht er auf die besonderen Umstände seiner Haft kaum ein, da er befürchten muss, dass die Post nicht weitergeleitet, sondern zu den Akten genommen wird.

Der kritische Vergleich der Überlieferungen ergibt, dass die historischen Fakten überall identisch beschrieben sind; einzig der Blickwinkel der jeweiligen Beobachter differiert. Es versteht sich von selbst, dass die Behörden die Ereignisse anders sehen und interpretieren als die Gefangenen.

Vieles von dem, was hier über Mühsams Haftzeit gesagt wird, wird dem, der sich in Mühsams Biographie auskennt, schon bekannt vorkommen. Eine weitere Verdichtung der historischen Zusammenhänge wird sich bei noch ausstehenden Nachforschungen in den Akten anderer Inhaftierter sicherlich ergeben. So war zum Beispiel Albert Daudistel seit 1919 in Ebrach, dann in Niederschönenfeld; Hans Beimler befand sich von 1921 bis 1923 in Niederschönenfeld, Niekisch von 1920 bis 1922 und Toller von 1920 bis 1924.

Die vorliegende Schrift basiert in ihren Grundzügen auf einer älteren Skizze des Autors über die Mühsamsche Haftzeit[7]. Sie wird sich an die chronologische Abfolge halten und verschiedene Episoden genauer beleuchten. Auf die während der Haftzeit veröffentlichten Schriften des Dichters wird nicht näher eingegangen.

Der Ablauf der Ereignisse:

- 13. April 1919: Verhaftung und Verschleppung in das Gefängnis in Eichstätt,

- 15. April – 26. Juni: Zuchthaus Ebrach

- zwischen dem 27. Juni und dem 6. Juli: Gefängnis Stadelheim, währenddessen (evt. am 27. Juni) auch psychiatrische Untersuchung in der Universitätsklinik München,

- 12. Juli: Verurteilung,

---

des Todes des Abg. Hagemeister während M.'s Festungshaft). In: *Fanal* Nr. 2 vom November 1926, S. 22 ff. – Ders., Offener Brief an die Gefangenen (M. über seine eigene Inhaftierung und deren noch andauernde Konsequenzen – als Entschuldigung für nicht beantwortete Geburtstagsgratulationen). In: *Fanal* Nr. 9 vom Juni 1928, S. 203 ff. – Die meisten von Mühsam verfassten Briefe und Postkarten, die sich in Münchner Archiven befinden, sind abgedruckt in: Gerd W. Jungblut, *Erich Mühsam. In meiner Posaune muß ein Sandkorn sein. Briefe 1900–1934*, 2 Bde., Liechtenstein 1984.

7 Günther Gerstenberg, Erich Mühsam in acht Schlaglichtern. In: Erich Mühsam, *Wir geben nicht auf! Texte und Gedichte*, München 2003, S. 52 ff.

- 26. Juli – 6. September Festungshaftanstalt Ebrach
- 6. September 1919: Verlegung von Ebrach in die Festungshaftanstalt Ansbach bei Nürnberg,
- 4. März bis 4. Mai 1920: Ansbacher Landgerichtsgefängnis, dann wieder Festung,
- 15. Oktober 1920: Verlegung in die Festungshaftanstalt Niederschönenfeld,
- 20. Dezember 1924: Freilassung.

## Zuchthaus Ebrach

Die bairische Räterepublik[8] existiert gerade eine Woche – lediglich Ankündigungen und Absichtserklärungen, z.b. zur Sozialisierung der Banken, zur Beschlagnahme von Wohnraum, zur Entwaffnung der Bürger etc., sind aufgetaucht, aber keine durchgreifenden Maßnahmen von der Räteregierung getroffen worden – da veranlasst die nach Bamberg geflohene bayerische Staatsregierung von Ministerpräsident Johannes Hoffmann einen Coup in München. Alfred Seiffertitz mit seiner „Republikanischen Schutztruppe" und Bahnhofskommandant Aschenbrenner verhaften um ½ 4 Uhr in der Frühe des 13. April 1919 Erich Mühsam und verschleppen ihn mit zwölf weiteren festgenommenen Genossen in einem Zug unter massiver militärischer Bewachung nach Eichstätt. Vielleicht war es sogar ein Glück, denn die einmarschierenden „weißen" Truppen hätten den Dichter Anfang Mai mit Sicherheit genauso ermordet wie Gustav Landauer.

Am Morgen des 15. April werden die Gefangenen ins Zuchthaus Ebrach verbracht und voneinander isoliert. Mühsam:

> Die Zelle, in der ich mich aufhalten muß, ist ungeheizt. Die Temperatur beträgt 11° C. Auf dem Steinboden liegt keine Decke, sodaß ich gezwungen bin, den Tag im Überzieher zuzubringen und trotzdem kalte Füße habe. Ich frage an, ob die Absicht bei der Regierung Hoffmann besteht, ihre politischen Widersacher durch dauernde Gesundheitsschädigung arbeitsunfähig zu machen. [...] Ferner beanspruche ich die Erleuchtung der Zelle bis mindestens 10 Uhr abends. Der Zwang, bei Dunkelwerden zu Bett gehen zu sollen, ist für einen geistig regsamen Menschen unerträglich.[9]

Am 19. April schreibt er:

---

8 Ursprünglich schrieb sich Bayern mit „i". Erst mit der Erhebung zum Königreich und der vermeintlichen Notwendigkeit, dem Land einen repräsentativen, antikisierenden Namen zu geben, verdrängte das „y" das „i". Die Räteregierung führte für die kurze Dauer ihrer Existenz das „i" wieder ein.
9 Mühsam an die Regierung in Bamberg am 16.4.1919. In: Staatsanwaltschaft München I, 2131/I, pag. 59 f., Staatsarchiv München (ab hier: STAM).

Ich protestiere schon jetzt dagegen, dass diese Vernehmung nicht, wie es das Gesetz verlangt, binnen 24 Stunden nach Erlassung der Haftbefehle erfolgt ist. [...]

Ich beschränke mich also in dieser Beschwerde auf den Einspruch gegen den Haftbefehl als solchen und gegen das ungesetzliche, ja verbrecherische Verfahren, durch das meine Inhaftierung ermöglicht wurde.

Der Haftbefehl wurde erst am fünften Tage nach meiner tatsächlichen Festnahme erlassen und soll die bisher als Schutzhaft bezeichnete Einschließung in eine im ordentlichen Strafverfahren vorgesehene Untersuchungshaft umwandeln. Auf welches gesetzliche Recht sich die Justizbehörde bei der Verhängung der Schutzhaft stützte, ist mir bisher nicht bekannt gegeben worden. In der Tat sieht kein reichsdeutsches oder bayerisches Gesetz die Maßnahme der Schutzhaft für andere Fälle vor als solche, in denen der Häftling zum Schutz für seine eigene Person in Gewahrsam genommen werden kann. [...] Die Anordnung von Schutzhaft für politisch missliebige Personen wurde nur während des Krieges von kommandierenden Generälen auf Grund des reichsdeutschen Kriegszustandsgesetzes getroffen. [...] Die willkürliche Verhängung der Schutzhaft gegen mich durch das in Bamberg versammelte Rumpfministerium Hoffmann entbehrt demnach jeder gesetzlichen Unterlage und ist, falls nicht ein Akt strafbarer Freiheitsberaubung angenommen werden soll, jedenfalls auf einen Rechtsirrtum zurückzuführen. Denn dass das Bamberger Ministerium aus der Revolution selbst das Recht zu Maßnahmen selbstherrlicher Art ableiten sollte, muss wohl als ausgeschlossen gelten, da es sonst unmöglich die nur auf die frühere monarchische Verfassung zugeschnittenen Paragraphen des alten Strafgesetzbuches zur Verfolgung sozialistischer Revolutionäre heranziehen könnte.

[...] Die Verhaftung einer solchen Person, bloß weil sie nun einmal in den Machtbereich der verfolgenden Behörde gelangt ist, würde in der ganzen Welt als unsittliche Handlung und als Rechtsbruch verurteilt werden. Daher muss, bevor irgendwelche Schritte gegen mich unternommen werden dürfen, zuerst die Schutzhaft rückgängig gemacht und die von unberufenen Leuten verbrecherisch ins Werk gesetzte Verhaftung durch meine Rückbeförderung nach München wieder gut gemacht werden.

Sollte danach immer noch die Meinung bestehen, dass die Strafverfolgung notwendig sei, so sind auch dann die Bedingungen zu einer Verhaftung nicht gegeben. Ich habe keineswegs die Absicht, von München zu flüchten. Ich bin noch stets für das eingestanden, was ich getan habe und bin zu allen Prozessverhandlungen, die ich früher schon wiederholt habe über mich ergehen lassen müssen, stets pünktlich erschienen, bin sogar einmal (1906) eigens vom Ausland zu einem Prozess, in dem ich wegen Aufreizung verurteilt wurde, eingetroffen.

Verdunkelungsgefahr liegt also erst recht nicht vor. Alles, was ich während der gegenwärtigen Revolution getan habe, geschah in breitester Öffentlichkeit, und ich habe selbst das stärkste Interesse daran, alles, was jetzt Gegenstand der Anklage bildet, so klar zu stellen, dass vor der Geschichte jeder Beteiligte ins rechte Licht gerückt wird.

Daher beschwere ich mich über den Haftbefehl und verlange meine unverzügliche Freilassung und Rückführung nach München.[10]

Mühsam hat keinen Kontakt zu seiner Frau Zenzl, keine Möglichkeit, sich frische Unterwäsche zu besorgen. Er protestiert, obwohl er ahnt, dass er kaum etwas ausrichten kann. Untersuchungsgefangene haben bis zu ihrer Verurteilung als unschuldig zu gelten, sogar Kriegsgefangene haben Rechte, aber er weiß: Das Recht im Klassenstaat wird so gebogen, dass es zur scharfen Waffe derer wird, die im Besitz der Macht sind. Trotzdem wehrt er sich:

> Ich behalte mir vor, Strafanzeige gegen die Mitglieder des Bamberger Rumpfkabinetts Segitz, Schneppenhorst und Steiner zu stellen, weil sie an allem, was mir zur Last gelegt wird, in gleicher Weise beteiligt waren.[11]

Erst am 28. Mai erfährt Mühsam, dass Zenzl noch lebt.

Eine Woche später schreibt Mühsam – noch in ausgesprochen höflichem Ton – an den Staatsanwalt beim Landgericht München I:

> Herr Staatsanwalt! Der Unterzeichnete und die mit ihm am 13. April in München festgenommenen und am 15. April nach Ebrach verbrachten politischen Gefangenen befinden sich nunmehr bereits in der achten Woche in Isolierhaft. Für den täglichen einstündigen Spaziergang auf dem Zuchthaushof gilt ein strenges Schweigegebot, dessen Durchführung dadurch gesichert wird, daß wir einzeln im Abstand von drei Schritten hintereinander uns dadurch im gleichen Tempo um den 100 Schritte spannenden Hofumkreis bewegen müssen.
>
> Es ist mir bekannt, daß die Staatsanwaltschaft für Untersuchungsgefangene solange die Isolierung anordnen kann, wie sie Kollisionsgefahr für gegeben hält. Ich möchte aber im Hinblick auf die seelische Qual, die für geistig rege Naturen die Unterdrückung jedes Mitteilungsbedürfnisses über lange Wochen hinaus bedeutet, der Erwägung anheimgeben, ob nicht die Voraussetzungen des Schweigegebots in unserem besonderen Falle hinfällig sind.
>
> Vor allem gestatte ich mir darauf hinzuweisen, daß wir Gefangene am 13. April vom frühen Morgen ab bis zum Abgang des Zugs nach Eichstätt dauernd in allen Räumen (in Münchens Hauptbahnhof) beisammen waren, ohne am Austausch von Mitteilungen und Meinungen im geringsten gehindert zu sein, daß wir dann, wiederum in unbeanstandetem Gespräch, gemeinsam die Bahnfahrt machten, daß wir in Eichstätt den ganzen folgenden Tag auf unseren Wunsch zusammen ein Zimmer im Gefängnis zum Aufenthalt angewiesen bekamen, und daß wir schließlich am Dienstag, d. 15. April, bis zu unserer Einlieferung ins Ebracher Zuchthaus – nachmittags gegen 6 Uhr – alle miteinander transportiert wurden, ohne daß unserer Unterhaltung irgendwelche Beschränkung auferlegt worden war. Erst vom Abend dieses Tages an trat die Bestimmung in Kraft.

---

10 „Beschwerde gegen den wider mich erlassenen Haftbefehl". In: Staatsanwaltschaft München I, 2131/I, pag. 21 ff., STAM.
11 Angeschuldigten-Verhör in der Voruntersuchung gegen Waibel und Genossen vom 23.4.1919. In: Staatsanwaltschaft München I, 2131/I, pag. 48 verso, STAM.

Hätten wir aber das Bedürfnis zu konspirativen Verabredungen gehabt, so wäre dazu in fast vollen drei Tagen ausgiebige Gelegenheit gegeben gewesen. Jetzt besteht ohne Zweifel zum Konspirieren für uns weder ein Anlaß noch die Möglichkeit. Auch darf wohl angenommen werden, daß die gegen uns geführte Untersuchung soweit vorgeschritten ist, daß die besonderen Gründe, die unsre strenge Abschließung voneinander veranlaßt haben mögen, nicht mehr vorhanden sind.

Der Herr Gefängnisvorstand, dem ich mein Anliegen um Aufhebung des Schweigegebots zuerst unterbreitete, hat mich an Sie, Herr Staatsanwalt, verwiesen und mir den Rat erteilt, ein schriftliches Gesuch an Sie zu richten. Indem ich daher nochmals betone, daß die depressive Wirkung der Anordnung auf das Gemüt die von Ihnen gewiß nicht beabsichtigte, nach meiner Ansicht aber einzige Folge ihrer Durchführung ist, bitte ich Sie, so bald wie möglich die Aufhebung des Schweigegebots herbeiführen zu wollen.

Hochachtungsvoll
Erich Mühsam
Zuchthaus Ebrach, d. 4. Juni 1919
Zelle 60.[12]

## Psychiater

Am 3. August 1919 spricht auf der Jahresversammlung des *Vereins bayerischer Psychiater* Dr. Eugen Kahn, ein Assistent Prof. Emil Kraepelins, zum Thema „Psychopathen als revolutionäre Führer". Er hat 66 der bekanntesten „Rädelsführer" der Revolutionszeit in der Psychiatrischen Universitätsklinik in München untersucht – Kurt Eisner, Rudolf Egelhofer und Josef Sontheimer ehrt er Wochen nach ihrer Ermordung mit einem posthumen Gutachten – und ordnet diese nun in vier Hauptgruppen ein: ethisch defekte Psychopathen, hysterische Persönlichkeiten, fanatische Psychopathen und Manisch-Depressive. Eisner gerät so nach eingehender Ferndiagnose zum Psychopathen, Ernst Toller zum Hysteriker.

Die Botschaft ist klar: Nicht jeder harmlose Irre wird zum Revolutionär, aber jeder Revolutionär ist verrückt, ist minderwertig; für ihn gelten keine mildernden Umstände bei der Strafbemessung nach § 51 Strafprozeßordnung.

Dr. Karl Weiler, ebenfalls Assistent bei Kraepelin, vermutet, „dass der Gesetzgeber durch die Aufstellung des § 51 nur solche Menschen vor Strafe schützen wollte, deren gesetzwidrige Handlung als Folgeerscheinungen geistiger Erkran-

---

12 Staatsanwaltschaft München I, 2131/III, pag. 230, STAM. Jungblut, a.a O., Bd. 1, S. 331 f. gibt den Text nur als Bruchstück mit pag. 236 wieder. Offenbar wurde die erste Seite des Briefes erst nach Jungbluts Akteneinsicht gefunden, in den Zusammenhang eingefügt und neu paginiert.

kungen aufzufassen sind, nicht aber auch geistig nur anormale Persönlichkeiten, die infolge ihrer seelischen Minderwertigkeiten Straftaten begehen."[13] Erich Mühsam, der offenbar zwischen dem 27. Juni und dem 6. Juli 1919 „untersucht" wird, ist die Nummer 12.[14] Immerhin anonymisieren die Psychiater ihre „Patienten", die dennoch auf Grund der biographischen Angaben zum großen Teil identifiziert werden können. Mühsam wird zum „Fall Werner Leidig":

> Vor Gericht: will voll verantwortlich, kein Psychopath sein; aphoristisch geistreichelnd, erregbar, fanatisch, phantastisch, verworren, eitel, großes Selbstgefühl, Poseur; kritiklos, haltlos. Fanatischer Psychopath. (15 Jahre Festung.)[15]

Die, die alles daran setzten, die Revolutionäre zu stigmatisieren und ihnen eine Berechtigung als legitime bayerische Regierung abzusprechen, sind erfolgreich. Die Etikettierung als „berechnend-geschäftstüchtige Wüstensöhne" (im Gegensatz zu den arisch hochwertigen „Söhnen der Berge", die immer „ihre Sache nur um ihrer selbst Willen tun"), als „notorische Arbeitsscheue", als „triebhafte Syphilitiker" oder als „feige verweiblichte Hysteriker" wie Toller, der, wie man hämisch flüstert, mit gefärbten Haaren hinter einer Tapetentür verborgen sich seinen Häschern zu entziehen trachtete, werden die Genossen bis heute nicht los.

Die Zeitungen, die Mühsam, der „Psychopath, der ein wenig Weltgeschichte machen wollte"[16], in den folgenden Wochen zu lesen bekommt, malen ein grotesktes Zerrbild der kurzen revolutionären Wochen und rufen zur Hetzjagd auf die „vertierten Gesellen auf, die das Vaterland in den Abgrund stürzen wollten". Der Schwall von Lügen und das propagandistische Trommelfeuer stürzen die Gefangenen in tiefste Verzweiflung und ohnmächtige Wut. Mühsam hat Angst um Zenzl, aber er lässt sich nicht klein kriegen. Er verfasst Denkschriften, Protestnoten, korrespondiert und rechnet sogar damit, schon bald freizukommen.

## Festungshaftanstalt Ebrach

Der Prozess vor dem Münchner Standgericht dauert vom 7. bis zum 12. Juli 1919. Es wimmelt von Offizieren. Soldaten mit Stahlhelmen auf dem Kopf stehen in den Gängen. Das Standgericht ist ein Militärgericht. Mühsam ruft angeekelt:

---

13 Karl Weiler, Kriegspsychiatrische Erfahrungen und ihre Verwertung für die Strafrechtspflege im Allgemeinen. In: *Monatsschrift für Kriminalpsychologie und Strafrechtsreform*, 12. Jg./1921, S. 314.

14 Näheres dazu bei: Nikolaus Gatter, „Phantastisch, explosiv erregbar, sprunghaft ..." Ein psychiatrisches Gutachten zu Erich Mühsam. In: *Mühsam-Magazin* Nr. 6/Februar 1998, S. 45 ff.

15 Die dieser Charakteristik vorgeschaltete biographische Skizze findet sich in: Eugen Kahn, Mühsams Krankenakte. In: *Mühsam-Magazin* Nr. 11/April 2006, Lübeck, S. 147.

16 Richard Förster, *Erich Mühsam. Ein „Edelanarchist"*, München 1919, S. 35.

Ich fühle mich fortlaufend dadurch provoziert, dass ich Uniformen vor mir sehe. [...] Ich sehe in den Uniformen die Gegenrevolution vor mir und das bringt mich in Wut.

Wenn er sich aus der Anklagebank empor schraubt, um in eigener Sache zu sprechen, wenn angriffslustig seine Augen durch den Kneifer funkeln und er sich schräg nach vorne beugt und mit weit ausholenden Handbewegungen seine geschliffenen Sentenzen unterstreicht, dann vereinen sich Gestik, Mimik und Rede zu einem vehementen Protest gegen den seelenlosen Auftritt der uniformierten Marionetten. Dem Staatsanwalt und den Richtern hält er mit heroischer Attitüde entgegen:

> Der Staatsanwalt widerspricht sich, wenn er sagt, ich hätte die Diktatur des Proletariats proklamiert, und wenn er fortfährt, das heiße das ganze Volk ausschalten. Nein, das bedeutet: das ganze Volk einschalten. In der Tat ist das ganze Volk ausgeschaltet durch die Diktatur der Demokraten in Bamberg, die Diktatur der Bourgeoisie oder, wenn ich mich gröber ausdrücke: durch die Diktatur der Indifferenten über die Aktiven. Ich sehe darin die Diktatur der Passivität über die Aktivität. Nun ist aber die Diktatur des Proletariats keineswegs unser letztes Ziel. Sie ist nur ein Mittel. [...] Ich fühle mich nicht verantwortlich vor Ihnen, meine Herren; verantwortlich fühle ich mich vor dem Volke, für das ich lebe und arbeite und das allein über mich zu richten hat. Ich bestreite, dass der Hochverrat überhaupt begangen ist. [...] Ich bitte nicht um mildernde Umstände oder darum, mir irgend eine besonders freundliche Gesinnung entgegenzubringen. Ich habe nicht zu bitten, ich habe zu verlangen und zwar den Freispruch.[17]

Unmöglich, dem klaren Ausdruck dieser protestierenden Präsenz ungerührt zu folgen. Das Urteil lautet: 15 Jahre Festungshaft wegen Hochverrats. Mühsam wird am 23. Juli vom Gefängnis Stadelheim ins Münchner Polizeigefängnis transportiert, kommt am 24. Juli von dort ins Schubgefängnis Nürnberg, wird am darauf folgenden Tag ins Bamberger Gefängnis verbracht und von dort am 26. Juli in die Festungshaftanstalt Ebrach, das ehemalige Zuchthaus, in dem er sich schon vom 15. April bis zum 26. Juni befand.[18]

Anfang August können die 55 Gefangenen sich relativ frei bewegen. Die Zellen bleiben unverschlossen, der Garten steht von zwei bis fünf Uhr zur Verfügung, Besuche können ohne Aufsicht stattfinden. Der bayerische Justizminister Ernst Müller-Meiningen visitiert am 9. August die Anstalt und kommt zu dem Schluss, dass Ebrach sich in eine „Kommunistenhochschule" mit Gefangenenräten, Diskussionsabenden und regem Besucherverkehr verwandelt habe. Am 24. August verfasst Mühsam ein Protestschreiben aller Gefangenen:

---

17 Rekonstruiert in: Kurt Kreiler, *Die Schriftstellerrepublik. Zum Verhältnis von Literatur und Politik in der Münchner Räterepublik.* Ein systematisches Kapitel politischer Literaturgeschichte, Berlin 1978, S. 176 ff.

18 Die Behörden und ihre Abteilungen rechnen diese Transporte untereinander ab. Als Transportkostenbelege füllen sie die Akten des Staatsarchivs, in dem auch sonst eine Vielzahl scheinbar banaler Vorkommnisse dokumentiert sind.

Wir stellen fest, daß Sie zu unseren Ungunsten folgende sechs Paragraphen der bisher gültigen Hausordnung außer Kraft setzen wollen:

§ 4. Eine Durchsuchung der Gefangenen findet in der Regel nicht statt.

§ 9. Ein Verschluß der Festungsstuben findet nicht statt.

§ 10. Gefangene, welche die Mittel zu ihrer Verpflegung nicht besitzen, erhalten ein Verpflegungsgeld.

§ 13. Die Beschäftigung der Gefangenen auf eine ihren Fähigkeiten und Verhältnissen entsprechende Weise ist zu fördern; ein Zwang darf hierbei nicht geübt werden. Geistlichen ist die Ausübung kirchlicher Funktionen, Zeitungsredakteuren die Besorgung von Redaktionsgeschäften untersagt.

§ 15. Zum Besuche der nächstliegenden Stadt haben die Gefangenen in jedem einzelnen Falle die Genehmigung des Vorstandes einzuholen.

§ 16. Während der zur Bewegung im Freien bestimmten Zeit können die Gefangenen Besuche empfangen.

Wir wehren uns dagegen, daß Sie darauf hinarbeiten, uns auf die Stufe gewöhnlicher Strafgefangener herabzudrücken.[19]

Am 25. August empört sich Mühsam in einem offenen Brief an Müller-Meiningen:

Nicht allein, daß Sie uns die Besuchsempfangszeit bis zur Unerträglichkeit verkürzen, fügen Sie auch das Schimpfliche uns noch zu, daß Sie bereits Oberaufsehern Disziplinargewalt über uns verleihen. Doch die Krone wird all dem aufgesetzt durch die Bestimmung – daß die Zellen oder Stuben nachts abgesperrt sind. – Herr Justizminister -, das ist ein glatter Verstoß gegen den Geist der Festungsstrafe selbst, – das ist gewöhnlicher Gefängniszwang![20]

Deutlich wird, dass die staatlichen Institutionen die Festung für die Revolutionäre von 1918/19 in eine Korrektionsanstalt zu verwandeln beginnen. Die Gefangenen sollen „verbessert" werden, ihren Überzeugungen sollen sie abschwören. Die Umerziehung wird in den folgenden Jahren immer öfter Wohlverhalten belohnen. Wer nicht entsprechende Signale aussendet, wird als unsozialisierbar so lange bestraft und diszipliniert, bis er gebrochen ist. Bei einigen Festungsgefangenen wird diese Strategie erfolgreich sein.

Der ehemalige Anstaltsvorstand Fischer bestätigt: „Anfangs September 1919 kam vom Justizministerium in München eine geheime Verfügung, die mir allmähliche Verschärfung der Festungshaft befahl."[21] Rechtsnationalistische Festungsgefangene wie Offiziere und Studenten werden dagegen in anderen Anstalten ganz anders behandelt. Sie befinden sich in Ehrenhaft, genießen alle Freiheiten eines Erholungsurlaubs.

19 *Neue Zeitung* Nr. 191 vom 27.8.1919, S. 2, zit. in: Jungblut, a.a.O., Bd. 1, S. 345.
20 *Neue Zeitung* Nr. 193 vom 29.8.1919, S. 3, zit. in: Jungblut, a.a.O., Bd. 1, S. 346 f.
21 Zit. in: (Schwab), *Niederschönenfeld*, a.a.O., S. 12.

## Festungshaftanstalt Ansbach

Mühsam kommt am 6. September 1919 von Ebrach in die Festungshaftanstalt Ansbach im Ansbacher Amtsgerichtsgebäude bei Nürnberg „auf den Schub". Hier trifft er zehn Kampfgefährten. Schon bald hilft er den Mitgefangenen beim Verfassen von Briefen und Eingaben und wird zum Mittelpunkt eines Diskussionszirkels.

In der deutschen anarchistischen Szene macht sich ungläubiges Staunen breit; viele sind entsetzt, denn Mühsam erklärt mit dem Argument der Einheit der Arbeiterklasse am 11. September seinen Beitritt zur KPD. Ursprünglich sieht er im Vorgehen der Bolschewiki eher Bakunins antiautoritäre Handschrift, weniger die von Marx. Er setzt viele Hoffnungen in Lenins Politik.

Ende November verlässt er die Partei wieder mit der Begründung, die KPD habe sich nach ihrem zweiten Parteitag im Oktober mit ihren Heidelberger „Leitsätzen" dem bürgerlichen Prozedere unterworfen, nehme jetzt an Parlamentswahlen teil und hätte die linksradikale Opposition um Otto Rühle und damit auch ihn hinausgeworfen. Eine Erfahrung, die damals wie heute lehrt: Von innen heraus ist ein hierarchisch-autoritär gestaltetes Gebilde nicht zu verändern. Noch aber hofft Mühsam auf eine Synthese von Bakunin und Lenin.

Am 26. September eröffnen zwei Staatsanwälte – einer von ihnen ist der Vorstand der Anstalt – in Anwesenheit von mit Bajonetten und Handgranaten bewaffneten Ulanen den Gefangenen, dass nach der Flucht mehrerer Festungsgefangener aus einer anderen Anstalt nachts die Zellen verschlossen bleiben müssten. Vom 27. September bis zum 2. Oktober treten die Gefangenen in einen Hungerstreik, einige riskieren, ohnehin schon stark geschwächt, ihre Gesundheit.

Am Abend des 30. September kommt es zu einer lautstarken Auseinandersetzung zwischen Mühsam und dem Chef der Anstalt. Mühsam brüllt, es sollten doch wenigstens jetzt die Zellentüren in der Nacht geöffnet bleiben, da einige Gefangene auf Grund des Hungerstreiks schwere Krämpfe hätten und man ihnen im Notfall schnell zu Hilfe kommen müsse. Der Chef brüllt zurück und droht, Mühsam die nächsten Besuche zu untersagen.

Die *München-Augsburger Abendzeitung* vermerkt:

> Mit dem Mute der Verzweiflung greift jetzt Herr Mühsam zum Hungerstreik und wir wollen hoffen, dass es dem bayerischen Strafvollzug gelingt, Herrn Mühsam von seinem unsinnigen Beginnen abzubringen. Vielleicht geschieht es mit Zwangsernährung, wie es Londoner Suffragettes gegenüber mit ziemlichem Erfolg angewendet worden ist.[22]

---

22 *München-Augsburger Abendzeitung* Nr. 393 vom 1.10.1919. In: Pol. Dir. 15590/4, pag. 200, STAM.

Mühsam schreibt am 2. Oktober an Max Halbe:

> Wir haben nach Ablauf von 5 mal 24 Stunden nachgegeben, nicht, weil uns der
> Hunger dazu veranlaßt hätte – die Empfindung des Hungers, geschweige des Ap-
> petits war schon am dritten Tage bei mir vollständig tot-, sondern weil todkranke
> Genossen unter uns waren, von denen der Allerbedenklichste sich strikt weigerte,
> vor uns andern die Nahrungszufuhr wieder aufzunehmen -, und die Justizbehörde
> keinen Zweifel darüber ließ, daß sie diese Leute eher sterben lassen würde, ehe sie
> ihre Anordnung, uns des Nachts in Einzelhaft abzusperren (womit die Festungs-
> haft in aller Form zur Gefängnisstrafe umgewandelt ist) rückgängig machte.[23]

Den Behörden gelingt es, einen Keil zwischen die Gefangenen zu treiben und sie
gegeneinander auszuspielen. Mühsam gilt als Rädelsführer des Widerstandes,
vier der Gefangenen werden als „anständige Elemente" bezeichnet, die zum Teil
willfährig sind, zum Teil auch die Behörden über die Zusammenkünfte der Gefangenen informieren. Nachdem der Mitgefangene Markus Reichert mehrmals
zusammenbricht, ohne dass der Anstaltsarzt tätig wird, regt sich Mühsam furcht-
bar auf und ruft dem Anstaltsvorstand und einem weiteren anwesenden
Staatsanwalt am 3. Oktober zu: „Der Justizminister Müller-Meiningen ist ein
ehrloser Lump, bitte teilen Sie es ihm mit, ich möchte es öffentlich beweisen."

Der nächste Schlag: Der Chef behauptet plötzlich, Mühsam habe mit Fluchtver-
suchen gedroht. Am 11. Oktober 1919 kommt der Dichter in Einzelhaft, darf nur
eine Stunde täglich ins Freie.

Nach der Beleidigung von Müller-Meiningen kommt es zum Prozess; der persönliche Kontakt zwischen Mühsam und seinem Verteidiger wird behindert, die
Korrespondenz zwischen beiden zum Teil nicht zugestellt. Trotz zahlreicher
Zeugenaussagen über Müllers fragwürdiges Verhalten erachtet das Gericht in
der viertägigen Verhandlung allein den Vorwurf der Beleidigung für relevant.
Mühsam muss vom 4. März bis zum 4. Mai 1920 ins Ansbacher Landgerichtsgefängnis und kommt dann wieder in die Ansbacher Festung zurück.

## Hoffnungen, Enttäuschungen

Der Kapp-Putsch vom 13. März 1920 scheitert an einem reichsweiten General-
streik, der in Gefechte zwischen der neu entstandenen *Roten Ruhr-Armee* und
Reichswehrtruppen übergeht.[24] Neue Hoffnungen auf eine Revolution! Mühsam
schreibt eine Postkarte:

---

23 Pag. 2 f., Nachlass Max Halbe, Monacensia.
24 „Die Kräfte, die sich dem Kapp-Putsch entgegenstellten, waren […] zum größten Teil gar nicht die
   Anhänger der Weimarer Republik und der Politik Ebert-Noske, sondern es waren die Vertreter einer proletarischen Aktion, die das Ziel hatte, aus der Ebbe der Revolution wieder herauszukommen
   und das Werk des 9. November fortzusetzen." Arthur Rosenberg, *Geschichte der Weimarer Republik*, Frankfurt am Main 1961, S. 97.

Ansbach, d. 23. März 1920. Landgerichtsgefängnis.

Lieber Herr Dr. Halbe!

Mit herzlichem Dank bestätige ich den Empfang des 2. Bandes Ihrer gesammelten Werke. Ich bekam ihn in die Gefängniszelle, in der ich jetzt meine 2 Monate für die Beleidigung des Herrn Müller-Meiningen abbrumme. Ich benutze die Zeit mit dem Schreiben eines Buches, das aber mit Literatur nichts zu tun hat. Eine theoretische Abhandlung über revolutionäre Organisationsfragen. Titel (erschrecken Sie nicht): ,Die Einigung des revolutionären Proletariats im Bolschewismus' Tendenz: Sturm gegen die Kommunistische Partei von Links her. Nächste Woche hoffe ich fertig zu sein, dann geht's an die Erholung. Zunächst an die Lektüre Ihres Buches. Und dann erledige ich Korrespondenzen. Sehen Sie C. G. gelegentlich? Grüßen Sie ihn bitte. Seinen ,Grundgescheiten Antiquarius' finde ich vortrefflich. Ich werde ihm noch ausführlich darüber schreiben, sobald ich die Arbeit vom Halse habe. Was macht die Unterströmung? Grüßen Sie sie (mit den Ausnahmen, die Sie kennen). Und wie geht's bei Ihnen daheim? Meine herzlichste Empfehlung. Ich denke übrigens, meine restlichen 14 Jahre und 1 Monat werden ziemlich rasch herumgehen. Ich wittere Morgenluft. Daher ist meine Stimmung die denkbar beste, übrigens werde ich auch im Gefängnis mit jeder Rücksicht behandelt. Aber über jeden Gruß von draußen freue ich mich sehr. Das bestellen Sie bitte allen denen, die noch meine Freunde sind. Gruß der Ihre Erich Mühsam.[25]

Ganz offensichtlich schönt Mühsam in seinen meisten Schreiben an die Münchner Dichterkollegen die Verhältnisse in der Haft. Träumt er sich in seinen Briefen in die unbeschwerten Zeiten zurück, als er sich bei einem Glas Wein mit den befreundeten Literaten in den Gefilden von Kunst und Kultur tummelte?

Am 19. April durchsuchen Gefängnisbeamte Mühsams Zelle, beschlagnahmen alle seine Manuskripte, darunter auch die Schrift „Die Einigung des Proletariats im Bolschewismus", verfügen eine Postsperre und verhängen weitere Strafverschärfungen: Verbot des Hofspaziergangs, Zeitungsverbot, Besuchsverbot.

Nach dem Kapp-Putsch im März 1920 kommt es zu einer reichsweiten Amnestie. Die neue Bayrische Staatsregierung unter Gustav von Kahr von der Bayerischen Volkspartei (BVP) setzt gegen die Reichsregierung durch, dass nur Vergehen gegen das Reich amnestiert werden. Die Tore der bayerischen Gefängnisse und Zuchthäuser öffnen sich nicht. Auch die Rathenau-Amnestie 1922 scheitert an Bayerns Einspruch. Mühsam schreibt Jahre später:

> Es gibt keine kirchlich-frömmere Regierung als die bayerische. Nirgends werden Gott, Christentum und Katholizismus von Amts wegen emsiger bemüht; nirgends ist das Verhältnis zwischen Staat und Kirche inniger als dort (siehe das Konkordat!) - nirgends aber, außer vielleicht im katholischen Ungarn, werden die christ-

---

25 Nachlass Max Halbe, Monacensia. Mühsam hat gerade Carl Georg von Maassens „Grundgescheiten Antiquarius" gelesen. Unterströmung: Max Halbes Kegelgesellschaft, an der Mühsam gerne teilnahm.

lichen Tugenden der Barmherzigkeit und der menschlichen Milde zynischer ver-
leugnet als in Bayern.[26]

Im Sommer 1920 befinden sich nur noch fünf Gefangene in Ansbach. Mühsams
Kritik an den autoritären Positionen der KPD, die sogar in Amsterdam veröffentlicht wird, schmähen einige Parteimitglieder, indem sie Mühsam unterstel-
len, er wolle sich mit seiner Haltung für eine Freilassung aus der Haft empfehlen. Nicht nur die Anstaltsleitung, auch die Mitgefangenen unterschlagen Mühsams Post, um ihn zu bespitzeln. Schließlich schließen sie ihn von der Verteilung eingelaufener Spendengelder aus. Am 23. September 1920 eskaliert die
hasserfüllte Situation. Der Mitgefangene Max Weber prügelt auf Mühsam ein.[27]

Dass der Festungsvorstand und die Wachmannschaften auf der anderen Seite der
Barrikade stehen, ist selbstverständlich. Dass aber die „eigenen Leute" gegen
Mühsam intrigieren, ihn verleumden und sogar tätlich angreifen, das verletzt ihn
zutiefst. Doch die Enttäuschung lähmt ihn nicht; er weiß, das Fleisch ist
schwach.

## Festungshaftanstalt Niederschönenfeld

Nach Mühsams Verhaftung stürmten und verwüsteten „weiße" Truppen die
Münchner Wohnung in der Georgenstraße; vermutlich die Folge einer Denunziation. Zenzl entkam der Lynchjustiz dadurch, dass zufällig der mit Mühsam
befreundete Philosophieprofessor Aster Augenzeuge wurde und einschritt. Sie
zog daraufhin gemeinsam mit dem kommunistischen Stadtrat Fritz Weigel, ebenfalls ein Freund Erichs, in die Adalbertstraße 37 in den vierten Stock. Mühsam
macht sich seitdem Sorgen um seine Frau. Er meint, sie solle möglichst bald aus
München fortziehen.

Am 15. Oktober 1920 wird er von der Festungshaftanstalt Ansbach in die Festungshaftanstalt Niederschönenfeld bei Rain am Lech überstellt, wo die meisten
zur Festungshaft verurteilten Räterepublikaner – es sind über siebzig – einsitzen.
Hier haben schon im Frühjahr 1920 die Schikanen gegen die Gefangenen be-

---

26  Erich Mühsam, Seit sieben Jahren im Zuchthaus! Der Rote Helfer, Juli 1926. In: Ders., *Publizistik.
    Unpolitische Erinnerungen*, hg. von Christlieb Hirte, Berlin (DDR) 1985, S. 363.
27  In der Wahrnehmung der Ereignisse differieren die Quellen. Mühsam schreibt, Weber habe ge-
    brüllt: „Knie nieder! Schuft!' Ich bereitete mich zu einem Widerstand zum Engkasten vor, da ich
    dieses Theater denn doch nicht gespielt hätte. Ich drängte also an ihm vorbei, wobei der Mensch
    mich anspuckte." Erich Mühsam, *Tagebücher 1910 – 1924*, a.a.O., S. 239. – In einer bei Weber be-
    schlagnahmten Erklärung, die die Mitgefangenen Paul Grassl, Markus Reichert und Max Josef
    Schwab am 5.10.1920 unterschrieben haben, heißt es, Weber behaupte, dass Mühsam niedergekniet
    sei. „Es wurde ferner erwiesen, dass er (Mühsam) nach zwei Seiten, nach Angaben des Staatsan-
    waltes aus Briefen an Fritz Weigel und Dr. Schollenbruch, völlig der Wahrheit widersprechende
    Angaben machte. So unter anderem, W. habe ihm mit der Faust aufs Auge geschlagen, dann auf
    sein Zahngeschwür und das mit Absicht …" Pol. Dir. 15590/3, pag. 188, STAM.

gonnen. Stacheldraht umzäunte das Gelände, zwei Maschinengewehre standen bereits im Hof, auf einen Gefangenen kamen nun mehrere Aufseher. Am 17. April kam es zu Durchsuchungen, Einzelhaft und Untersuchungshaft für zwanzig Gefangene. Der Vorwurf lautete, sie hätten versucht, aus der Festung heraus die Räterepublik zu proklamieren. Im Sommer 1920 gab man schließlich zu, dass es sich hier um eine reine Konstruktion gehandelt hatte. Die Quälereien aber hörten damit nicht auf.

> Die Paketuntersuchung wurde in herabsetzender Form durchgeführt. Die Behandlung von Besuchern wurde teilweise so beleidigend, daß viele Gefangene es vorzogen, sich selbst von ihren nächsten Angehörigen nicht mehr besuchen zu lassen. [...] Als der Schwiegervater eines Festungsgefangenen auf dem Sterbebett lag und ein flehentliches Gesuch um ein- oder zweitägige Strafunterbrechung durch seine Angehörigen an die Behörde richten ließ, kam ein hohnvoller abschlägiger Bescheid. Das Kind des Gefangenen Blößl starb; der Vater durfte weder zu dem sterbenden Kind noch zum Begräbniß [...].[28]

Mühsam kommt in eine Anstalt, in der Ehrenhaft angeordnet ist. Die Repression gegen die Gefangenen aber nimmt zu, die Verhältnisse werden immer bedrückender; von Ehre keine Rede mehr! Die gedemütigten Gefangenen beginnen sich zu wehren, werden ausfällig, beschimpfen und bedrohen ihre Wärter, die wiederum mit Sanktionen antworten. Der herrschende *machismo* trägt dazu bei, dass sich die Aggressionen beider Seiten hochschaukeln. Gleichzeitig bilden sich rivalisierende Gruppen unter den Gefangenen. Die einen betonen einen unbedingten Parteistandpunkt und versuchen, die Regeln des Umgangs miteinander festzulegen, verlangen Termine für gemeinsame Pflichtlektüre, gemeinsame Diskussionsabende, verteilen Aufgaben und Posten; andere Gefangene verwahren sich gegenüber diesem Gruppendruck.

Bei Mühsams Überführung entdecken die Beamten ein weiteres Exemplar der Schrift „Die Einigung des Proletariats im Bolschewismus". Der Festungsvorstand von Niederschönenfeld wird gewarnt. Er erhält folgende Notiz:

> Bericht der Festungshaftanstalt Ansbach vom 11.10.20. Zur Charakeristik Mühsam's: Mühsam ist jederzeit zu Durchstechereien geneigt und hat es trotz aller Wachsamkeit fertig gebracht, ein zweites Manuskript seiner zu den Akten genommenen Abhandlung „Die Einigung des Proletariats im Bolschewismus" hinauszuschmuggeln. Er bedarf andauernder und sorgfältigster, vorsichtigster Überwachung.[29]

Zenzl hatte inzwischen eine Zweitschrift an den Ansbacher Wärtern vorbeigeschleust und nach Berlin an Mühsams Freund Léon Hirsch und an Franz Pfemfert für den Abdruck in dessen Zeitschrift *Aktion* weitergeleitet. Ein Beamter des

---

28 Ernst Niekisch, Festung Niederschönenfeld. In: Die *Weltbühne* Nr. 46 vom 17.11.1921, S. 496.
29 Pol. Dir. 15590/4, pag. 283, STAM.

Berliner Polizeipräsidiums fragt am 1. Mai 1921 bei der Münchner Polizeidirektion an:

> Da es sich bei diesem Werk nach Ansicht der Festungshaftanstalt Ansbach um ein gegen den Bestand der staatlichen Ordnung gerichtete Propagandaschrift schädlichster Richtung handelt, wäre ich um Mitteilung dankbar, welche Maßnahmen gegen Hirsch und den Verlag der Aktion – Franz Pfemfert – Nassauische Straße 17, vorgesehen sind, um die Verbreitung des Buches zu verhindern.[30]

Die Berliner Polizei bleibt bei ihren Haussuchungen am 18. August 1921 erfolglos. Erst zwei Jahre später werden die einzelnen Kapitel in Fortsetzung gedruckt – zu spät, als dass sie noch Auswirkungen auf die inzwischen völlig getrennt marschierenden linksradikalen Parteiungen haben könnten.

**Der Rädelsführer**

Mühsam versucht die Gegensätze in den rivalisierenden Gruppen zu überwinden, indem er gemeinsame Aktionen anzettelt. Viele Gefangene tragen Sowjetsterne am Revers. Die Anstaltsleitung untersagt dies, Mühsam opponiert dagegen. Der Festungsvorstand lässt das Verbot am 4. Januar 1921 vom Augsburger Oberstaatsanwalt Menzel mit Hilfe von vierzig schwer bewaffneten Beamten der Sicherheitspolizei München-Augsburg (Sipo) handgreiflich und mit der Androhung des Schusswaffengebrauchs durchsetzen.

> Später erst erfuhren wir von Aufsichtsbeamten, dass die Sipo zu dem einzigen Zweck ins Haus beordert wurde, uns zu provozieren und daß ein weiteres Kommando bereitgestellt war, um im selben Augenblick, wo wir uns hätten hinreißen lassen, die Beamten anzugreifen oder zu beleidigen, gegen uns vorzugehen.[31]

Mühsam, der Rädelsführer, hatte zu Beginn des Konflikts gegenüber dem Vorstand spöttisch bemerkt, „daß gegen das Tragen von Hakenkreuzen und E.K.I, wenn sie nicht auf einem gewissen Körperteil getragen werden, ja auch keine Einwände bestehen".[32] Er wird mit Verfügung vom 5. Januar abgesondert, darf nicht mehr rauchen, Briefe schreiben, Zeitung lesen, die Kantine benützen und darf keine Besuche empfangen.

Zu den alten Gegensätzen kommen neue. Wer durch Wohlverhalten die Sympathie der Anstaltsleitung gewinnt, kommt in den Genuss von Vergünstigungen. 25 „renitente" Festungsgefangene um Erich Mühsam werden mit Verboten schikaniert und isoliert. Die „Guten" dürfen ihre Frauen unbeaufsichtigt in unbe-

---

30 Pol. Dir. 15590/4, pag. 276, STAM.
31 (Schwab), Niederschönenfeld, a.a.O., S. 28.
32 A.a.O., S. 27.

wohnten Zellen empfangen, die „Bösen" dürfen ihren Frauen nicht einmal Briefe schreiben.

Der sexuelle Notstand der auf engstem Raum zusammenlebenden Gefangenen, die zugleich nicht weniger soziale Kontrolle unter sich ausüben als das Wachpersonal über sie, ist nicht zu unterschätzen. Immer wieder kommt es zu Gerüchten, dass der eine oder andere Gefangene sich auffällig verhalte und eventuell gegen den § 175 verstoße. Dass es tatsächlich zu schwulen Beziehungen gekommen ist, findet in den umfangreichen Akten aber nur einmal einen Niederschlag. Die politische Dimension überstrahlt alles.

Mühsam referiert Jahre später nach seiner Freilassung bei der Reichstagung der *Roten Hilfe* und erinnert sich:

> Das Schlimmste ist die Kontrolle, die an den zu Besuch erscheinenden Frauen der Gefangenen ausgeübt wird. Sie haben sich der peinlichsten Untersuchung zu unterwerfen. Es sei selbst nicht einmal davor zurückgeschreckt worden, diesen Frauen in die Geschlechtsteile zu fassen. Als Mühsam einmal den Arzt ersuchte, dafür zu sorgen, dass das nicht mehr vorkomme, wurde er diszipliniert. In den 5 Jahren seiner Festungshaft habe er nicht ein einziges Mal seine Frau unter vier Augen gesprochen, da jeder Besuch von Beamten überwacht werde. Sobald bei dem Besuch ein Wort über Politik fällt, wird die Besuchszeit abgebrochen und wird in Einzelhaft abgeführt.[33]

## Große Politik ...

Im Dezember 1919 hatten Vertreter der Entente die Auflösung bewaffneter Verbände auf deutschem Boden verlangt. Am 12. März 1920 hatte die alliierte Kontrollkommission gefordert, dass alle ehemaligen Freikorps, *Einwohnerwehren* und nationale Verbände die Waffen abzugeben hätten, da diese mit den Artikeln 177 und 178 des Versailler Friedensvertrages nicht vereinbar seien. In Bayern reagierte man mit einem „Landesschießen". Am 8. April ließ Ministerpräsident von Kahr die Reichsregierung wissen, dass eine Entwaffnung für Bayern nicht in Frage komme.

Offiziell wurden die Freikorps schon am 31. Mai 1920 als aufgelöst betrachtet. Am 22. Juni erhoben die Alliierten erneut ihre Forderungen. Auf den „Vertrag von Spa", den die Reichsregierung am 9. Juli unterzeichnet hatte, reagierten die Spitzen der BVP gereizt. Auf ihrem Bamberger Parteitag am 18. September beschlossen sie ein Programm, das sich gegen die scheinbar zu eigenmächtige Reichsregierung richtete: Die Länder sollten Staatsform und Verfassung selbst bestimmen und mit auswärtigen Staaten Botschafter austauschen und Verträge

---

33 Berliner Polizeipräsidium, Abt. Ia, Aussendienst am 18.5.1925: Bericht über die am 17. Mai 1925 im Gr. Sitzungssaal des ehem. Herrenhauses Leipzigerstr. 3 stattgefundenen Reichstagung der „Roten Hilfe". In: Pol. Dir. 15590/6, pag. 441, STAM.

schließen können. Der Bundesrat als Länderkammer sollte wieder eingeführt werden etc. etc.

Um diese Initiative zu bekräftigen, mobilisierte man die Massen. Das Oktoberfest bot dafür einen ideale Plattform. 60.000 *Einwohnerwehrler* schworen bei einem weiteren „Landesschießen" am 26. September auf dem Königsplatz mit martialisch geschwenkten Gewehren unter einem Wald von weiß-blauen und schwarz-weiß-roten Fahnen, sich nimmer aufzulösen. Auf der Tribüne, den Treppenstufen der Glyptothek, Forstrat Escherich, der Chef der in ganz Deutschland einflussreichsten *Einwohnerwehr,* der *Orgesch* („Organisation Escherich"), Kahr, und – Erhard Auer, Widersacher Eisners und Vorsitzender der bayerischen SPD.

Die Entente reagierte empfindlich. Am 12. November folgte die Note General Nollets, der diese Kraftlackeleien monierte und an eine Besetzung des Ruhrgebiets dachte. Kahr rückte etwas ab von seiner Politik der Unterstützung der *Orgesch,* in der ein bis ins letzte bayerische Dorf verzweigtes Reservoir von Männern Gewehr bei Fuß stand.

Dann brach im Frühjahr 1921 der Konflikt zwischen Bayern und dem Reich in der Entwaffnungsfrage offen aus. Nicht nur die bayerischen Wehren, sondern auch die Regierung des Herrn von Kahr, Mitglied des Landesausschusses der bayerischen *Einwohnerwehren,* die in München allein 5.000 Mann aufbot, widersetzte sich hartnäckig den Anordnungen aus Berlin und verzögerte deren Ausführung. Denn die Nation habe die Pflicht, sich ihre Waffen zu erhalten, und sie verteidige die Ächtung und Bestrafung von Verrätern als ihr sittliches Recht. Schließlich stellten die Alliierten der Reichsregierung am 5. Mai 1921 ein Ultimatum, die militärischen Verbände aufzulösen. Mit dem 10. Juni 1921 sollten alle Waffen abgegeben sein.[34]

## ... und ihre Auswirkung

Aus Kreisen der *Einwohnerwehren* und rechtsextremer Verbände ist wiederholt, zuerst anlässlich des Kapp-Putsches, zu hören, dass man im Falle eines Coup d' État von rechts die gefangenen Räterepublikaner unverzüglich erschießen würde. Der Gedanke liegt nahe, in diesem Fall sofort Geiseln zu nehmen, um das Vorhaben der Putschisten zu vereiteln.

Die Münchener Polizeidirektion informiert den Festungsvorstand über die besondere Gefährlichkeit Mühsams:

> Auszug aus dem P. Bericht vom 12. Januar 1921. Allgemeine Arbeiterunion (A.A.U.) „Diese hatte in Bayern nur als syndikalistische Bewegung Fuß gefasst

---

34 Der Konflikt führte schließlich zum Rücktritt Kahrs.

und war ohne besondere Bedeutung. In jüngster Zeit wird sie neu belebt durch die von Rühle-Dresden ausgehende anarcho-kommunistische Bewegung, welche in Bayern ihren Sitz in Kempten-Kottern und von dort aus von der Leitung in Konstanz und Bensheim a.b. in Verbindung steht. Ebenso bestehen Beziehungen zu den Festungsanstalten Niederschönenfeld und Lichtenau. In Niederschönenfeld ist Mühsam Förderer des Gedankens. Die neue Richtung bezweckt vor allem die Schaffung kleiner Terrorgruppen, die für den Fall einer Aktion von rechts sofort Geiseln zu verschleppen hätten, um für die derzeitigen politischen Gefangenen Sicherheit zu haben."[35]

Dann heißt es in der Öffentlichkeit, die Festungsgefangenen werden befreit. Das Gerücht macht auch in Niederschönenfeld die Runde. Vier Häftlinge entkommen aus dem Amtsgerichtsgefängnis in Günzburg. Am 24. Januar 1921 entspringt der Festungsgefangene Anton Waibel („große Hornbrille, kurz geschnittene Haare") auf der Verschubung von Neuburg an der Donau nach Niederschönenfeld dem Zug. Fünf, die entkommen können. Ein Polizei-Informant berichtet über „den Schweden [sic!] Andersen-Nexö, der zur Zeit in Meersburg am Bodensee wohnt und im Auftrage Lunatscharski's an der Befreiung Mühsams arbeitet, da sich Lenin sehr für diesen interessiert".[36]

Gerüchte und Nachrichten verbinden sich zu einer brisanten Mischung. Bürgerliche Zeitungen warnen: Mühsam und Toller planen ein Komplott, sie wollen die Regierung stürzen. Toller vermutet, dass die Regierung dieses Gerücht gezielt einsetzt.

Wie man in einem Gefängnis, das von Mauern gegürtet, von Stacheldrahtverhauen und Spanischen Reitern umwehrt, mit Kanonen und Maschinengewehren bespickt, von vielfachen Postenketten zerniert ist, ein weit verzweigtes Komplott anzetteln kann, wird sich mancher Leser gefragt haben. Die Schauernachricht war nicht nur fürs Inland gedacht, sie sollten die Notwendigkeit der Einwohnerwehren, deren Auflösung Frankreich forderte, dartun.[37]

### Was ist wahr, was unwahr?

Ende Februar lässt Dr. Vollmann, seit dem 1. Februar 1921 der neue Festungsvorstand, die von den Gefangenen gewählte Kommission rufen. In der *Neuen Zeitung* der Münchner KPD sei wieder ein Artikel erschienen, in dem über Interna der Anstalt berichtet werde, und er selbst werde in völlig inakzeptabler Weise verhöhnt und beleidigt. Vollmann fordert die Gefangenen auf, binnen 24 Stunden den Artikelschreiber zu benennen. Dies geschieht natürlich nicht. Daraufhin trennt der Chef mit Verfügung vom 2. März die „Gemäßigten" von den

---

35 Pol. Dir. 15590/4, pag. 263, STAM.
36 P. Bericht vom 28.1.1921. In: Pol. Dir. 15590/4, pag. 264, STAM.
37 Ernst Toller, Eine Jugend in Deutschland. In: Ders., *Prosa. Briefe. Dramen. Gedichte*, a. a. O., S. 170 f.

„Bösen". Im ersten Stock sind die untergebracht, die kooperieren und einen Revers unterschrieben haben, in dem sie Wohlverhalten zusichern, im zweiten Stock diejenigen, die diszipliniert werden müssen. Unter ihnen Mühsam. Dem zweiten Stock sind ab sofort alle Besuche untersagt, Briefe dürfen nicht geschrieben, Pakete und Geldsendungen nicht empfangen werden.

Die Briefe, die sich in den Akten des Staatsarchivs finden, können in zwei Gruppen eingeteilt werden. Zum einen handelt es sich um Schreiben, die auf verschiedenen, verschlungenen Wegen heimlich die Anstalt verlassen haben und erst im Nachhinein bei einer Haussuchung beim Empfänger beschlagnahmt worden sind. Ihr Inhalt war nicht für die Augen der Behörden gedacht. Sachverhalte werden zutreffend beschrieben; Wut, Empörung und auch Angst schwingen in den Worten mit; Wünsche und politische Forderungen werden artikuliert.

Die anderen Schreiben sind im Bewusstsein verfasst, dass die Anstaltsleitung über den Zensor Kriminal-Kommissär Gollwitzer vom Inhalt Kenntnis nimmt. In diesen Schreiben wird provoziert, indirekt argumentiert oder der Inhalt auf rein persönliche, geschäftliche und unpolitische Angelegenheiten reduziert. Es kann aber auch geschehen, dass ein Gefangener seinen Brief scheinbar einem politisch nahestehenden Adressaten widmet, in Wirklichkeit aber an die Behörde schreibt.

Unter den „Gemäßigten" im ersten Stock finden sich einige Mitglieder der SPD, unter ihnen Georg Murböck, der am 15. März 1921 an Adolf Dichtl, einen Angehörigen des inneren Kreises der Münchner SPD, schreibt:

> Einem Oberleutnantssöhnchen macht es zum Beispiel sehr viel Spaß, auf illegalem Weg Artikel über die hiesige Festung in die KPD-Zeitung zu bringen, die aber gewöhnlich in keiner Weise der Wahrheit entsprechen. Die Hauptsache ist ja diesem Bürschchen, seinen Namen bekannt zu machen und dann als „tüchtiger Revoluzzer" einen Posten der KPD zu erhaschen. Die Folge dieser Artikel ist natürlich, daß Brief-, Paket- und Besuchssperre einsetzt und zwar für die Allgemeinheit, da dieses Bürschchen zu feige ist, der Verwaltung zu erklären: Ich habe den Artikel geschrieben, ich nehme auch die Verantwortung auf mich, aber lassen Sie nicht weitere 64 Mann darunter leiden. Im Gegenteil, da wird noch öffentlich geprahlt: „Ach die Verwaltung kann machen was sie will, wir haben andere Mittel und Wege um unsere Sachen hinauszubringen." Die Folge davon ist, daß immer mehr Verschärfungen im Strafvollzug einsetzen. Gehen wir weiter: Im Schwäbischen fordert ein hysterisches Frauenzimmer in Versammlungen die Arbeiter auf, die politischen Gefangenen in Niederschönenfeld herauszuholen. In München gehen Kommunisten, die aus der Festung entlassen, zu Frauen von politischen Gefangenen und fordern sie auf, ihren Männern in Dosen Sprengstoffe zu senden. Täglich werden die Aufseher und sonstige Beamte in der gemeinsten Weise angerempelt mit „An die Wand stellen und Aufhängen" bedroht. [...]

Von Amerika hat Mühsam 2400 Mark erhalten für die politischen Gefangenen. Diese wurden aber nicht hier verteilt.[38]

Besonderes Wohlverhalten wird besonders belohnt; alle Gefangenen erfahren von Murböcks Vorgehensweise, der in seinem Brief nicht nur der Anstaltsleitung ermöglicht, den anonymen Autor in der *Neuen Zeitung* – es ist Eugen Maria Karpf – zu enttarnen, und indirekt behauptet, dass seine Identität den Gefangenen im zweiten Stock bekannt sei, sondern auch die Argumentation der Behörden bestätigt. Max Josef Schwab, Mitglied der von den Gefangenen gewählten Kommission, schreibt:

> Das System der Bewährungsfrist für Arbeiter ist in Bayern zu einem System der Korruption des Charakters geworden. Zwei Gesuche hatte ein Gefangener an das Ministerium um Bewährungsfrist eingereicht. Beide wurden abgelehnt, da das Verhalten des Gefangenen noch nicht auf eine Gesinnungsänderung schließen lasse. Da kam er auf den verwerflichen Gedanken, statt eines dritten Gesuches der Regierung einen zur Veröffentlichung geeigneten Brief gegen die Gefangenen zur Verfügung zu stellen. Wenige Tage später kam vom Ministerium der telegraphische Befehl seiner Entlassung, obwohl er noch nicht einmal die Hälfte seiner Strafe abgemacht hatte. Der Zufall und das Geständnis eines Mitgefangenen hat uns den Sachverhalt dieser Bewährungsfrist aufgedeckt. Wie viele andere mögen auf diesem Wege aus dem Kerker gekommen sein![39]

Der Kriminal-Kommissär liest nicht nur alles, was ihm in die Finger fällt, er baut auch Kontaktpersonen auf. Diese werden mit dem Versprechen, er werde sich für ihre Amnestie einsetzen, geködert.

> Gollwitzer nannte mich einen dummen Jungen: „Von den Juden habt Ihr Euch aufhetzen lassen. Die Juden laufen noch herum und Ihr sitzt hier." Er frug mich, ob ich bereit sei, für ihn Dienste zu leisten und mit Sch. zusammenzuarbeiten. Sch. stehe schon längere Zeit mit ihm in Verbindung.

So baut man für Spitzeldienste goldene Brücken. Funktioniert der Informant nicht mehr so, wie er soll, dann kommen Drohungen:

> Ich sage es Ihnen im Guten: Sie wissen, die Polizei hat Ihr Leben in der Hand und kann Sie vernichten mitsamt Ihrer Familie! Sagen Sie die Wahrheit, kennen Sie ihn nicht?

Der informelle Mitarbeiter, den die Reue gepackt und der nun vor den Bespitzelten auspackt, kommt zu einem Resümee:

> Aus dem Verkehr mit Gollwitzer habe ich die feste Überzeugung gewonnen, daß einer nur Bewährungsfrist erhält, wenn er zu Hitler geht und für die Monarchie bei den Arbeitern wirbt.[40]

---

38 Pol. Dir. 15590/4, pag. 270, STAM.
39 (Schwab), Niederschönenfeld, a.a.O., S. 22.
40 A.a.O., S. 57 ff.

## Links von der KPD

Die etwa 14.000 Matrosen der Petrograd vorgelagerten Festung Kronstadt waren durch und durch räterepublikanisch gesinnt, aber gegen die Diktatur irgendeiner politischen Partei. Ihr Aufstand vom März 1921, der schließlich von der Roten Armee blutig niedergeschlagen wurde, veranlasst linientreue Mitglieder der KPD, ein neues Gerücht über Mühsam in die Welt zu setzen. Mühsam unterstütze die Konterrevolution der „Weißen".

> In Wirklichkeit hatte M.[ühsam] Zweifel geäußert, ob es sich um ein weißgardistisches Unternehmen handelt oder ob nicht etwa die revolutionär bewährten Matrosen für ihre Soldatenräte und für die freie Sowjetdiktatur zu den Waffen gegriffen hätten.[41]

Akribisch wertet die Polizeidirektion beschlagnahmte Schriften aus, vergleicht verschiedene Fassungen, exzerpiert Manuskripte. Der „Einigung" fügte Mühsam im Mai ein deprimiertes Nachwort hinzu:

> Die KPD hat beim Ruhraufstand auf tätige Mitwirkung verzichtet und produzierte ein neues Tätigkeitsprogramm, in dem sie den Kommunismus in aller Form abdankte. Die KPD stellte als Ziel der Aufstandsbewegung die Bildung einer Regierung aus linken Sozialpatrioten und rechten Unabhängigen, der sie „loyale Opposition" versprechen. Damit ist die KPD keine revolutionäre Partei mehr. Die Linie muss links von ihr gezogen werden.[42]

## „Hartes Lager"

Der Erste Staatsanwalt beim Landgericht Ansbach, Hermann Kraus, wird am 16. Mai neuer Festungskommandant. Er verkürzt weiter die Besuchszeiten; bei Besuchen hat der Münchner Kriminal-Kommissär Gehauf mit am Tisch zu sitzen. Beschwerden gegen Schikanen landen bei den Schikanierenden. Natürlich auch Mühsams Dichtungen, in denen er den Festungsvorstand, die Staatsanwälte, Zensoren und das Wachpersonal als lächerliche, aufgeblasene Lemuren schildert. Schärfste politische Anklagen beschäftigen nur das Gehirn, lyrischer Spott aber trifft ins Herz.

Bei jedem Appell haben die Gefangenen anzutreten. Dann werden sie bedroht und angebrüllt. Manchen Gefangenen ist die Angst ins Gesicht geschrieben. Mühsam macht sich über diese lächerliche Farce lustig und wandert sofort in

---

41 (Erich Mühsam), An die engsten Genossen Erich Mühsams. (Niederschönenfeld, Februar/März 1922). In: Jungblut, a. a O., Bd. 1, S. 469. Mühsam hat in dieser Denkschrift alle Vorfälle aufgelistet, in denen Mitgefangene ihn diffamiert und zeitweilig isoliert haben.

42 Betreff: Manuskript von Erich Mühsam „Die Einigung des revolutionären Proletariats im Bolschewismus". In: Pol. Dir. 15590/4, pag. 291 verso, STAM.

Einzelhaft. Da die Statuten „Einzelhaft" in der Festungshaft nicht erlauben, wird sie „Absonderung aus Sicherheitsgründen" genannt.

Schließlich bittet er darum, den schwer leidenden Mitgefangenen Walter ärztlich untersuchen zu lassen. Konsequenz: Einzelhaft. Kraus schreibt:

> Es soll Mühsam Gelegenheit gegeben werden, darüber nachzudenken, ob es ihm zukommt, durch die Einmischung in die Gelegenheiten der anderen Gefangenen sich eine Führerrolle anzumaßen.[43]

Ende Mai verfügt Kraus für Mühsam eine Woche Hofentzug und „hartes Lager", das heißt: Entfernung der Seegras-Matratze, der Decken, ja des ganzen Betts. Eine Zellendurchsuchung bei Sepp Wittmann hat Mühsams neu gedichteten Max-Hoelz-Marsch zu Tage gebracht; jetzt muss er sechs Nächte auf den blanken Latten eines Holzkastens in der kalten Zelle schlafen. Der Festungsvorstand meint, das Lied reize zu Gewalttaten auf.

Walter muss nun doch in eine Heilanstalt nach Erlangen eingeliefert werden. Mühsam schreibt an den Justizminister und fragt an, wie sich der Festungsgefangene denn eigentlich zu verhalten habe, wenn er sehe, dass ein Mitgefangener wahnsinnig werde. Er bekommt keine Antwort, sitzt aber dafür sieben Wochen in Einzelhaft.

Inzwischen hat Kraus die beschlagnahmten Tagebücher gelesen. Er tobt. Sollte Mühsam weiter solches schreiben, so werde „noch ganz anders gegen ihn eingeschritten werden"[44]. Die Anstaltsleitung reagiert mit allen ihr zur Verfügung stehenden Mitteln. Neue Verbote werden erlassen. Mühsam wird seine Petroleumlampe weggenommen, Kerzen werden beschlagnahmt, Zeitungen nicht weiter, sondern zu den Akten gegeben. Im August beginnt Mühsams Leiden an seinem rechten Ohr. Ohne medizinische Versorgung wird er in den folgenden Monaten sein Gehör völlig verlieren.

Währenddessen hat Kriminal-Kommissär Gehauf unter den Gefangenen einen Spitzel aufgebaut; er nennt ihn in seinen Berichten an die Münchner Polizeidirektion „meinen Gewährsmann".

Zenzl arbeitet in der Münchner „Frauenhilfe für politische Gefangene" mit, leitet im Herbst 1921 die Nähstube für die „Russenhilfe" in der St. Anna-Schule. Gemeinsam mit Weigel organisiert sie zugleich in Berlin Solidaritätsveranstaltungen, sogenannte „Mühsam-Abende". Sie fordert Freiheit für die in der gesamten Republik noch zu Tausenden einsitzenden politischen Gefangenen.

43 Zit. in: Ernst Toller, Eine Jugend in Deutschland. In: Ders., *Prosa. Briefe. Dramen. Gedichte*, a.a.O., S. 169.
44 Zit. in: Niekisch, Festung Niederschönenfeld, a.a.O., S. 498.

## Erichs „langer Arm"

Die vernichtende Niederlage Anfang Mai 1919 und der darauf verhängte Bela-
gerungszustand hat alle Strukturen der Münchner KPD zerstört. Die Berliner
Zentrale schickte im Sommer 1919 Karl Römer nach München; er sollte die
Ortsgruppe wieder aufbauen. Am 16. Juli 1919 berichtete der ehemalige
Münchner KPD-Sekretär Hans Kain aus der Haft heraus in einem Brief an Rö-
mer über den Jahreswechsel 1918/19:

> Dann kam unsere Vereinigung mit den internationalen Kommunisten. Das war der
> ganze Frass der politisch indifferenten Massen, welche noch nie einer Klassenor-
> ganisation angehörten. Es fehlte ihnen jede politische Klassendisziplin, jede so-
> zialistische Schule und waren damit der gegebene Spielball der anarchistischen
> Phraseure Mühsam, Sontheimer. Von diesen wurden sie vollgepfropft mit klein-
> bürgerlichen, pseudo-revolutionären Anschauungen und kindischen Illusionen.
> Früher waren diese Proletarier die Freibeuter und Hyänen des gewerkschaftlichen
> Klassenkampfes und jetzt stürzten sie sich als Hyänen auf das revolutionäre
> Schlachtfeld in dem kindischen Glauben, der Kampf um die Macht wäre ein Spa-
> ziergang zu den einträglichen Posten.[45]

Als ob es Mühsam je um Posten gegangen wäre!

Am 1. August 1919 gab Kain in einem Schreiben Tipps und Hinweise, die der
ortsunkundige Römer bei seiner Arbeit beachten sollte. Dabei führte er alle be-
kannten Parteimitglieder auf und empfahl bei einigen:

> Diese Leute werfen Sie zum Tempel hinaus. Das gleiche machen Sie mit allen
> Leuten, die Ihnen von Eisner, Mühsam, Sontheimer, Landauer schwärmen. Es ist
> ein gutes Kriterium, wenn Sie die Leute um ihre Meinung über diese politischen
> Bühnenhelden fragen. Ihre Anbeter können sicher den Profit eines Schleichhänd-
> lers nicht vom Arbeitslohn unterscheiden.[46]

Anfang Oktober führte die Münchner Polizei einen schweren Schlag gegen die
Partei und verhaftete einige Kommunisten, unter ihnen Römer und den Vorsitzenden des kommunistischen Aktionsausschusses Sigmund Wiedenmann. Die
Partei hatte in den folgenden Monaten große Schwierigkeiten, sich zu reorgani-
sieren.

Mühsam, im Herbst 1921 der Wortführer der „Antiautoritären" in der Festungshaft, betont in den Auseinandersetzungen mit den linientreuen KPD-Mitgliedern,
unter ihnen Paul Grassl und Schwab, die mit ihm von Ansbach überstellt worden
waren, immer wieder, dass aus ihrem zentralistischen Politikkonzept zwangsläu-
fig immer der Obrigkeitsstaat und damit zugleich der Kapitalismus neu entstehen werden und dass als einzige Alternative kommunale Autonomie, föderale
Räteorganisation und dezentrale kleine Einheiten in Frage kämen. Auf einige

---

45 Pol. Dir. 15590/3, pag. 190 verso, STAM.
46 Pol. Dir. 15585 „Kurt Eisner", pag. 112, STAM.

Genossen übt der Dichter Einfluss aus; andere beginnen ihn wegen seiner unangreifbaren Integrität, seiner Redegewandtheit und seiner überlegenen Intellektualität zu hassen.

Schließlich sieht es fast so aus, als ob Mühsams Stimme bis in die KPD-Zentrale nach München reicht. Der Festungsgefangene Eugen Maria Karpf schreibt am 21. Oktober einen Brandbrief an Wilhelm Pieck in Berlin: Sechzehn KP-Mitglieder seien linientreu, acht seien schwankend, fünf seien „vollständig außerhalb der Gruppe stehend". Der Festungsgefangene KPD-Landtagsabgeordneter Adolf Schmidt habe mit Mühsam Verkehr, der KPD-Stadtrat Fritz Weigel wohne mit Zenzl Mühsam zusammen, der Festungsgefangene August Sandtner unterstütze die katastrophale Haltung des national orientierten KPD-Landtagsabgeordneten Otto Graf.

Die Parteileitung müsse nach Augsburg verlegt werden. Von dort sei schärfste Opposition gegen die „schädlichen und zersetzenden Einflüsse" der Münchner angesagt, um die Partei dann neu aufzubauen. Schließlich habe Berlin für die kommenden Reichstagswahlen die Festungsgefangenen Fritz Sauber, August Hagemeister und August Sandtner als Kandidaten vorgeschlagen. Sauber sei nicht selbständig, Sandtner sei Graf-Anhänger, Hagemeister „sucht in seinen politischen Anschauungen engen Anschluss an Erich Mühsams Anarchikommunismus [sic!]".[47]

Föderalismus oder Zentrale! Hier teilen sich die Geister. Der Mitgefangene Johann Elbert schreibt an Max Weber am 11. Dezember 1921:

> Mit Karl P. stehe ich in Briefwechsel. Mühsam hat den jungen Menschen versaut, so dass es ihm schwer fällt, sich zurecht zu finden. Politisch haben wir uns getrennt wegen der Politik Otto Rühles, der bei uns infolge seiner anarchistischen Konfusionspolitik keinen Platz mehr hat. Ich persönlich stehe zur Zentrale Berlin.[48]

Im Februar 1922 zieht diese die Zügel an und mahnt Graf ab; bald darauf erfolgt sein Parteiausschluss. Die Münchner Bezirksleitung wird in den folgenden Monaten immer mehr von Gefolgsleuten der Berliner Zentrale besetzt.

**Sind Strukturen mächtiger als das eigene Wollen?**

Am 12. September 1921 tritt die Regierung Kahr zurück. Die Gefangenen sind beunruhigt. Kommt es zu einem Rechtsputsch? Wird ein neues Kabinett der bürgerlichen Mitte gebildet, so dass man auf Amnestie hoffen kann? Am 21. September 1921 ersetzt der II. Staatsanwalt beim Landgericht München I, Heinz

---

47 Pol. Dir. 15590/5, pag. 335 f., STAM.
48 Pol. Dir. 15590/5, pag. 354, STAM.

Hoffmann, den Festungsvorstand Kraus. Er bleibt bis Ende 1925 Festungskommandant.

Nachdem Gustav Radbruch, ein Schulfreund Mühsams, Reichsjustizminister geworden ist, schöpfen viele Festungsgefangene Hoffnung. Radbruch besucht am 11. November 1921 Toller und Mühsam. Dieser schreibt noch am selben Tag an Zenzl:

> Hier im Hause ist heute allgemeine Niedergeschlagenheit infolge der Enttäuschung an Radbruch. Seine erste Äußerung als Minister: „Gegen die Amnestie" – Marxisten hier rühren mich direkt. Immer haben sie ihre Theorie bei der Hand, dass der Mensch von den Verhältnissen abhängt, in die er gestellt ist, – und dann sind sie ganz verschmettert, wenn es sich als richtig erweist. Wem Gott ein Amt gibt, dem gibt er auch den Verstand dazu, d. h. er konfisziert ihm die Seele. Ich habe es von der ersten Stunde an bedauert, meinen alten Freund solchen Posten besteigen zu sehen. Jetzt darf er nicht mehr, wie er möchte, sondern er muss, wie es die Situation verlangt. Wäre die Situation anders, so könnte ein alldeutscher Justizminister in die umgekehrte Lage kommen: Alle Sozialisten amnestieren zu müssen.[49]

Ebenfalls am 11. November schreibt der Chef der Festungsanstalt an den Staatskommissar in Augsburg, was er beim Überwachen des Gesprächs notierte:

> [...] 5) Radbruch habe wie Leviné und Toller bei Prof. Weber in Heidelberg studiert, 6) Mühsam sagt, dass Lenin sich für ihn interessiere. Radbruch setzt keine Hoffnung auf Erfolg einer russischen Regierungsaktion für Freilassung Mühsam's. Mühsam will nach seiner Freilassung zu seinem Freund Anders Nexö nach Dänemark zur Erholung. Von dort hofft er Stellung beim proletarischen Theater in Moskau zu finden. In Deutschland will er nicht bleiben. [...] 7) Radbruch und Mühsam kennen eine abenteuerliche Dame von Reventlow. Mühsam will ihre „Scheinehe" seinerzeit vermittelt haben. Deren Sohn sei in München. Er sei zum zweitenmal verheiratet, sei Filmkurbler gewesen und sei jetzt bei einer Gewerkschaftsgeschichte untergeschlüpft. Die Reventlow habe auch Besuchsbeziehung zum Münchner Professor der Rechte Dr. Kitzinger von der Universität.[50]

Am 7. Dezember verfasst Mühsam eine Eingabe an den Reichspräsidenten. Er verweist auf die seit Jahren andauernden Schikanen in Niederschönenfeld, auf die Weigerungen der Behörden, den wiederholten Beschwerden Gehör zu schenken, und bittet, das Deutsche Reich möge die Festungsgefangenen vor der bayerischen Regierung, dem bayerischen Landtag und der bayerischen Justiz beschützen. Auch diese Eingabe wird beschlagnahmt und zu den Akten genommen.

Ernst Niekisch fordert:

---

49 Pol. Dir. 15590/5, pag. 343, STAM.
50 Pol. Dir. 15590/5, pag. 329, STAM.

Es geht nicht an, daß weiter in Bayern politische Gefangene mit niederträchtiger barbarischer Willkür drangsaliert und gemartert werden. Jeder Deutsche, in dem noch ein Fünkchen Rechtsgefühl ist, muß diesen Zustand unerträglich finden.[51]

## Intrigen

Mühsam gelingt es auf Grund seiner Popularität oft, Spendengelder für die politischen Gefangenen zu bekommen. Zunächst organisiert Heinrich Pfeiffer, der kurz vor Weihnachten 1920 entlassen wird, im Auftrag des gutgläubigen Mühsam, der sich nicht weiter darum kümmert, die Verteilung dieser Gelder. Nicht alles kommt bei den Gefangenen an, was Mühsam zur Last gelegt wird. In den folgenden Monaten versucht Mühsam, die Gelder unter Mitwirkung von Mitgefangenen gerecht verteilen zu lassen. Linientreue KPD-Mitglieder, vor allem Schwab, Grassl, Johann Elbert und Fritz Sauber, setzen das Gerücht in Umlauf, Mühsam wolle mit den Geldern Anhänger „kaufen". Gleichzeitig hetzen sie diejenigen auf, die auf Unterstützung warten.

Selbst besonnene Mitgefangene wie Wilhelm Olschewski beginnen sich von ihm zu distanzieren. Er schreibt am 12. Juni 1921 an seine Frau:

Ich musste nach reiflicher Beobachtung und Erkenntnis einsehen, daß ich mich in ihm auch als Mensch getäuscht habe. Schon von Ansbach her und schon monatelang hier schwirrten die unheimlichsten Gerüchte über seine Selbstsucht, seinen ausgesprochenen Egoismus herum. Ich habe stets dagegen gekämpft. Du und Ihr alle wisst, wie ich auf den Menschen gehalten habe. Es war mir sehr schwer, ihn dann, nachdem ich ihn auch mir gegenüber erkannte, als einen elenden Egoisten und noch dazu Lügner zu brandmarken. Er hat Umgang mit einigen 6 Mann, sonst will keiner mit ihm etwas zu tun haben.[52]

Der Mithäftling Sigmund Wiedenmann schreibt am 22. Juni an seine Frau:

Ich bitte Dich auch mich nicht mit Herrn Mühsam auf gleicher Stufe zu stellen, denn soweit habe ich's noch nicht gebracht zu einem internationalen Gauner, Schwindler und Betrüger, der im Namen der Festungsgefangenen Propaganda treibt um sich zu bereichern. Habe schon öfters angefragt, ob die Frauen der Zuchthausgenossen von den betreffenden 2000 M bekommen haben, aber bisher noch keine Antwort. 1000 M sind von England gekommen an Mühsam für die Festungsgefangenen, welches seine Frau verludert hat, Pakete von Amerika, Pakete von den Syndikalisten, Pakete von überall her an Mühsam, welche für uns bestimmt waren und wir haben nichts bekommen, ich lege Dir einen Beweis bei, welches ich von der Syndikalistischen Zeitung ausgeschnitten habe. Ich war paff, ich habe und alle anderen von Liebesgaben nichts gesehen. Sag es Schmitt Hans und Bareth von den Syndikalisten. Auch habe ich recht gehabt, dass ich Dich vor

51 Niekisch, Festung Niederschönenfeld, a. a O., S. 500.
52 Pol. Dir. 15590/5, pag. 303, STAM.

Pfeiffer (Lohengrin) gewarnt habe, er ist als internationaler Hochstapler entlarvt, Mühsam sein bester Freund.[53]

Mühsam erfährt von den Beschuldigungen zunächst wohl nichts. Wenn doch – aus der Einzelhaft kann er sich kaum verteidigen.

Im November 1921 senden amerikanische Anarchosyndikalisten 20.000 Mark. Mühsam hat davon keinerlei Kenntnis. Über die Verwendung des Geldes kommt es zu erbitterten Auseinandersetzungen. Schließlich heißt es, Zenzl und Erich Mühsam hätten den Löwenanteil für sich beansprucht.

Den Behörden ist es recht, wenn sich die Gefangenen untereinander bekriegen. Denen, die Mühsam verleumden, gestattet die Anstaltsleitung, ihre Unterstellungen per Post in die Öffentlichkeit zu tragen. Die Ehrenerklärungen einiger Mitgefangenen und Gegendarstellungen Mühsams dürfen die Anstaltsmauern nicht verlassen. Die sozialdemokratische *Münchener Post* weitet die infame Rufmordkampagne gegen Erich und Zenzl aus.[54] Die bürgerliche Presse zieht nach.

Gerüchte, die KPD-Funktionäre gegen Erich und Zenzl in die Welt setzen, um ihr eigenes Parteisüppchen zu kochen, vergiften das Zusammenleben in der Festung und in München. Mithäftlinge intrigieren. Zenzl und Erich können sich gegen die Unterstellungen nicht wehren. „Es besteht keine Möglichkeit für Unbeteiligte, sich in dem Gewirr von Feindseligkeit (in) N.(iederschönen)feld zurecht zu finden."[55]

Anfang 1922 erscheint unter der Überschrift „Ein Notschrei Erich Mühsams" in der Zeitung *Der Syndikalist* ein offener Brief, in dem Mühsam zu einem Befreiungsschlag ausholt und alle Denunzianten beim Namen nennt.[56] Erst jetzt hören die Intrigen auf: Wilhelm Pieck hat schließlich ein Machtwort gesprochen und den Parteimitgliedern unmissverständlich bedeutet, dass Mühsam als Revolutionär Ansehen genieße, fair zu behandeln sei und dass sich die *Rote Hilfe* um ihn als politischen Gefangenen genauso kümmere wie um die gefangenen Kommunisten. Die KPD stellt offiziell fest: Amerikanische Anarchisten hätten insgesamt 26.000 Mark gesammelt und die Münchner Bezirksleitung habe diesen Betrag, den ihr Zenzl zur Verfügung gestellt habe, an alle Gefangenen gleichmäßig verteilt.[57]

53 Pol. Dir. 15590/5, pag. 304, STAM.
54 Vgl. *Münchener Post* Nr. 298 vom 23.12.1921, S. 5; Nr. 300 vom 27.12.1921, S. 4 und Nr. 301 vom 28.12.1921, S. 5.
55 (Mühsam), An die engsten Genossen …, a.a.O., S. 476.
56 Vgl. *Der Syndikalist* Nr. 6/1922, S. 2 f.
57 Vgl. *Die Weltbühne* Nr. 1 vom 5.1.1922, S. 26.

## Eine Denkschrift

Ende 1921 häufen sich Schwindelanfälle und Brustbeschwerden. Zum Anstaltsarzt hat Mühsam kein Vertrauen. Immer noch hofft er auf ein vorzeitiges Ende der Haft. Kassiber werden geschmuggelt, Befreiungspläne geschmiedet, auf Amnestie gehofft.

Die Presse berichtet im Dezember aufgeregt über erstaunliche Vorfälle:

> Erst in allerjüngster Zeit konnte einwandfrei festgestellt werden daß morgens von 3 bis 6 ½ Uhr Blinkerzeichen nach der Festung abgegeben wurden. Ein Plan ist gefunden worden, nach dem als Gendarm verkleidete Genossen eine Anzahl angeblicher Gefangener einliefern, sich dann durch einen Handstreich in den Besitz der Festung setzen sollten.[58]

Diese Räuberpistole bezieht sich auf die Denkschrift des bayerischen Justizministeriums über die Verhältnisse in Niederschönenfeld, die kurz vorher der Presse übergeben wurde. Die vielen Berichte über die entwürdigende Festungshaft, die Interpellationen und internationalen Proteste haben das Ministerium gezwungen, selbst in die Offensive zu gehen. Viele Vorfälle, die in dieser Denkschrift aufgelistet werden, haben in den Akten des Staatsarchivs keinen Niederschlag gefunden. Natürlich ist es denkbar, dass Teile der Akten für die Denkschrift entnommen und nicht wieder in den ursprünglichen Zusammenhang zurückgeführt worden sind. Aber dies ist unwahrscheinlich.

Max Josef Schwab:

> Die Denkschrift der Regierung beschäftigt sich mit keinem Wort mit den gegen sie erhobenen Anklagen. Statt dessen eine üble Zusammenstellung von Spitzelberichten, Lügen und Entstellungen. Aus dem Zusammenhang gerissene Absätze von Briefen der Gefangenen, Mitteilungen williger Subjekte, die den einzigen Zweck verfolgten, mit allen Mitteln freizukommen. [...] Tagebuchauszüge, Gedichte, alles musste herhalten, um dem biertrunkenen Spießer den Nachweis zu liefern, daß die Gefangenen die häßlichsten Tiere, die furchtbarsten Verbrecher seien, daß sie selbst im Gefängnis gierig nach dem Blute des armen Bürgers sind. [...] Was wir sahen, war der abgrundtiefe Haß, mit dem man uns seit Jahren verfolgte, ein Haß, der jede Brutalität deckt.[59]

Die Denkschrift enthält zum Beispiel einen Brief, der ganz offensichtlich zu dem Zweck verfasst wurde, Bewährungsfrist zu bekommen:

> Dem energischen Eingreifen des Oberstaatsanwaltes Kraus ist es zu verdanken, daß endlich eine wohltuende Ruhe geschaffen wurde. Die größten Schreihälse werden klein und zogen vor, sich zu „mäßigen". Die Anfechtungen gegen Oberstaatsanwalt Kraus sind einfach unerhört; niemand kann behaupten, daß er die Ge-

58 *München-Augsburger Abendzeitung* Nr. 540 vom 24.12.1921. In: Pol. Dir. 15590/5, pag. 357, STAM.

59 (Schwab), *Niederschönenfeld*, a.a.O., S. 52 ff.

fangenen aufreizte oder provozierte, wer noch ein bißchen Ehre im Leib hat, kann und muß dies bestätigen. Oberstaatsanwalt Kraus war jedem gegenüber entgegenkommend und menschlich, sofern sich der betreffende anständig und menschenwürdig aufführte. Gegen die zum großen Teil vorbestraften Radaubrüder allerdings wäre eine Gutmütigkeit oder Nachgiebigkeit wirklich nicht am Platz gewesen. Hier wandte Oberstaatsanwalt Kraus mit aller Strenge seine ihm zustehenden Kompetenzen an, aber sicherlich hat er letztere niemals überschritten. Ebensowenig kann der Oberstaatsanwalt Äußerungen gebraucht haben, wie sie ihm von kommunistisch-sozialistischen Abgeordneten des Landtages gerne unterschoben werden möchten. – Ich weiß zur Genüge, wie solche Lügen auf der Festung entstehen; sie sind der Ausfluß grenzenlosester Infamie. –

Die Maßnahmen, die Oberstaatsanwalt Kraus anwenden musste, waren unbedingt notwendig. Wohl hatten auch die sogenannten „Gemäßigten" unter den Verschärfungen zu leiden. Aber wie wäre es möglich gewesen, eine Grenze zu ziehen? Außerdem waren die Verschärfungen ganz erträglicher Natur, in manchen Fällen sogar wohltuend. Beispielsweise, daß ab 10 Uhr abends vollständige Ruhe herrschen musste, war für manchen eine Erlösung, denn früher trat die Nachtruhe nicht selten erst am nächsten Morgen ein.[60]

Die Denkschrift enthält allerdings auch Berichte über Tatsachen, die ein schlechtes Licht auf die Gefangenen werfen. Dass diese sich in der unterlegenen Position mit allen Mitteln wehren, erwähnt die Denkschrift nicht. Schließlich haben auch die immer rüder werdenden Umgangsformen zu einer Verrohung auf beiden Seiten geführt.

Ernst Niekisch:

Manche Festungsgefangene [...] begingen diese und jene Torheit; sie ließen sich zu mancher Handlung hinreißen, die besser unterblieben wäre. Was kann im Menschen aufwachen, wenn er lange Tage und schlaflose Nächte ausschließlich erfüllt ist von Gefühlen des Grimms, der Feindseligkeit, der Bitterkeit. Mit sattem Behagen unterbreitet das Justizministerium die „Fälle" der Öffentlichkeit.[61]

Mühsam kommt in der Denkschrift häufig vor; nicht zuletzt enthält sie den Max-Hoelz-Marsch. Der Dichter meint süffisant, er sei dem Justizministerium für die kostenlose Verbreitung „auf Staatskosten und seine Vermittlung an einen ausgedehnteren, überdies bürgerlichen Leserkreis" ausgesprochen dankbar. Ihm wäre dies, „selbst wenn er die Hinaussendung auf illegalem Weg versucht hätte",[62] niemals möglich gewesen. Oder doch?

60 Zit. in: A.a.O., S. 84 f.
61 Ernst Niekisch, Lerchenfeld und Niederschönenfeld. In: *Die Weltbühne* Nr. 6 vom 9.2.1922, S. 138 f.
62 Zit. in: Erich Mühsam, *Gedichte. Prosa. Stücke. Ausgewählte Werke Band 1*, hg. von Christlieb Hirte, Berlin (DDR) 1985, S. 707.

## Verborgene Wege

Die Behörden konstatieren enttäuscht, dass immer wieder Botschaften der Gefangenen nach draußen gelangen. Unter dem Wachpersonal befinden sich einige nachdenkliche Beamte, die unter der eigenen subalternen Position in der Beamten-Hierarchie leiden und die sich nicht nur über die in ihr Gegenteil verkehrte Ehrenhaft wundern, sondern auch versuchen, die Männer näher kennen und verstehen zu lernen, die sie zu bewachen haben. Die Verwaltung ist sich sicher, dass es Beamte sein müssen, die Briefe aus der Anstalt hinausschmuggeln, denn die Kontrolle der Gefangenen ist nahezu perfekt. Da die „Verräter in den eigenen Reihen" nicht aufzuspüren sind, tauscht die Behörde das Wachpersonal häufig aus und versetzt verdächtige Beamte.

Das Katz- und Mausspiel geht weiter. Die Behörden filzen regelmäßig die Zellen, sind beständig auf der Suche nach inkriminierendem Material. Wiederholt werden Nachrichten abgefangen:

> Der Festungsgefangene Erich Mühsam schrieb unterm 6.8.1922 einen Brief an seine Ehefrau Kreszenz Mühsam in München, Adalbertstraße 37/III. Dieser Brief enthielt Geheimschrift (Chiffreschrift), die von mir entziffert wurde, nachdem mir vorher von einem Festungsgefangenen (Vertrauensmann) der Schlüssel verraten worden war.

> Als Zeichen dafür, dass der Brief Geheimschrift enthielt, war die Ziffer 6 im Datum auffallend klein geschrieben. Diese Ziffer bildete zugleich den Schlüssel der Geheimschrift. Jedes 6. Wort im angefangenen Satz war zu lesen, so dass es heißen muss: „Fritz, (hier ist der komm. Stadtrat Weigel gemeint) muss sofort Stadtrat alarmieren wegen Thierauf, da Bayern Reichsamnestie für Mitteldeutsche nicht durchlässt. Seppl (hier ist der frühere Festungsgefangene Joseph Wittmann gemeint) soll Hanna (Ritter) veranlassen, Presse, Gewerkschaften, Norddeutschland, Anwälte anzuregen, angestrengte Arbeit schnellstens notwendig." Der Brief wurde beschlagnahmt, ohne dass Mühsam hievon verständigt wurde. Eine Abschrift dieses Briefes gestatte ich mir beizulegen.

> Als Vermittler der Vereinbarung der Chiffreschrift zwischen den Eheleuten Mühsam kommt der am 16. April 1922 aus Festungshaft entlassene Joseph Wittmann in Frage. Wittmann ist der Intimus des Mühsam und hat auch nach seiner Entlassung aus der Festungshaftanstalt einige Zeit bei Frau Mühsam gewohnt.[63]

## Es gärt.

Am 16. Januar 1923 stirbt August Hagemeister. Willkürliche Anordnungen der Anstaltsleitung, Strafverschärfungen und unterlassene Hilfeleistung des unfähigen Anstaltsarztes lassen den isolierten Gefangenen jämmerlich an einer Rippenfellentzündung krepieren. Verbitterung und grenzenlose Wut machen sich

---

63 Bericht aus Niederschönenfeld vom 18. August 1922. In: Pol. Dir. 15590/5, pag. 371, STAM.

breit, bleierne Stille lastet bedrohlich über der Anstalt. Die Leitung lässt ein Maschinengewehr im Dachgeschoss aufstellen, wird aber auch auffällig zuvorkommend – wenigstens für eine kurze Dauer.

Mühsam bleibt Herz und Motor der Widerständigen. Er ist derjenige, der jede Gelegenheit nutzt, den Festungsvorstand seine Verachtung spüren zulassen – oft mit Ironie oder Sarkasmus. Wenn die Anstaltsleitung wieder einmal alle seine Schreibunterlagen beschlagnahmt und der Festungskommandant sein respektloses Tagebuch liest, kann er einen Tobsuchtsanfall bekommen. Manche der Genossen dagegen geben zermürbt auf und arrangieren sich.

Anfang März 1923 kommt Mühsam erneut in Einzelhaft. In seiner Abwesenheit werden bei der Durchsuchung seiner Zelle einmal mehr alle seine Schriften und Tagebuchnotizen beschlagnahmt. Der herbeizitierte Dichter besteht dann mit äußerst ruhigem Ton darauf, dass sein Tagebuch ausschließlich seinem persönlichen Gebrauch diene, er weiß aber auch, wer verspottet wird, rächt sich doppelt: sieben Wochen Isolierung, Brief-, Zeitungs-, Paket-, Besuchs- und Rauchverbot. Mühsam notiert am 6. März: „Wollen abwarten, ob Goliath diesmal über David Herr wird oder ob's wieder mal umgekehrt geht."[64]

Dass die Wjatkaer Garnison Mühsam gemeinsam mit Max Hoelz im April 1923 zum Ehrensoldaten der Roten Kavallerie ernennt, amüsiert den jeglichem militärischen Posieren abholden Anarchisten, aber rührt ihn auch. Und es keimt neue Hoffnung. Mühsam könnte mit dem neuen sowjetischen Pass ausgetauscht werden und in die UdSSR ausreisen – könnte …
Immer wieder demonstrieren Hakenkreuzler vor der Haftanstalt, randalieren, schreien, man solle die „linken Banditen" an die Wand stellen. Im Herbst 1923 brodeln Gerüchte, Putschabsichten von rechts, nationale Revolution, eine bayerische Staatsregierung mit undurchsichtigen Plänen. Für die Linke Grund genug, Abwehrmaßnahmen zu ergreifen.

> Es darf mitgeteilt werden: […] dass die Ehefrau des Festungsgefangenen Mühsam ihrem Manne hier dieser Tage schrieb, er solle ohne Sorge sein, sie habe alles Sichernswerte, insbesondere an Literatur, aus ihrer Wohnung fort und in Sicherheit gebracht, weil man nicht wissen könne.[65]

In Bayern werden Republikaner und Linke verhaftet. Es kommt sogar zum Verbot der *Münchener Post*. Das Brodeln im Lande erreicht den Siedepunkt. Die Presse fordert die „Ausweisung landfremder Juden". Rechtsextreme (nicht „Rechtsradikale") trommeln für den „Marsch auf Berlin". Der bayerische „Diktator", Generalstaatskommissar Gustav Ritter von Kahr, setzt das Republikschutzgesetz außer Kraft, bricht die diplomatischen Beziehungen zu Sachsen ab

---

64 Mühsam, *Tagebücher 1910 – 1924*, a.a.O., S. 323.
65 Verwaltung der Festungshaftanstalt Niederschönenfeld an die Abteilung VIa der Polizeidirektion München am 15.10.1923. In: Pol. Dir. 15590/5, pag. 375, STAM.

und erlässt auch die Verfügung, dass Wohnungen straffällig gewordener Juden, die gar nicht oder weniger als zehn Jahre das bayerische Heimatrecht besäßen, zu beschlagnahmen und sie auszuweisen seien. Mühsam ist erst seit 1916 Bayer. Zenzl, beständig unter Polizeibeobachtung, befürchtet neue Bedrohungen.

## Exkurs: Es gibt keine Rechtsradikalen.

[...] radical, eingewurzelt, ursprünglich, gründlich, mit der Wurzel, von Grund aus (heilen oder verbessern); Radicalismus, heißt in der Politik das Streben, die alten Schäden in Verwaltung und Gesetzgebung von der Wurzel auszuschneiden. Radical-Reformers, eine Volkspartei in England, welche die Staatsverfassung von Grund aus zu verändern strebt.[66]

Der Begriff „radikal" ist offensichtlich seit 1848 positiv konnotiert, und er bleibt dies bis zum Zusammenbruch der Weimarer Republik. Seymour Martin Lipset hat 1958 den *extremism of the center* als zentralen Beweggrund faschistischer Machtübergabe definiert. Er meinte damit, dass Faschismus, Rassismus und Antisozialismus aus der Mitte der Gesellschaft kämen. Die Mitte wünscht Veränderung nur zu dem einen Zweck: zur Aufrechterhaltung der Machtverhältnisse. Radikales Denken und Handeln kommen dagegen von den Rändern der Gesellschaft mit dem Ziel, die Machtverhältnisse aufzuheben. Der Begriff „rechtsradikal" vereint Unvereinbares und hat als ideologisches Konstrukt vor allem die Aufgabe, die „verirrten" bösen radikalen von den guten nichtradikalen Rechten zu trennen.

Hannah Arendt schrieb an Gershom Scholem:

Es ist in der Tat meine Meinung, daß das Böse niemals „radikal" ist, daß es nur extrem ist und daß es weder Tiefe noch irgendeine dämonische Dimension besitzt. Es kann die ganze Welt überwuchern und verwüsten, eben weil es sich wie ein Pilz auf der Oberfläche ausbreitet. Es ist „resistent gegen den Gedanken", wie ich gesagt habe, weil der Gedanke danach strebt, Tiefe zu erreichen, an die Wurzeln zu gehen, und in dem Augenblick, da er sich mit dem Bösen befasst, wird er vereitelt, weil da nichts ist. Das ist „Banalität". Nur das Gute besitzt Tiefe und kann radikal sein.[67]

Deshalb gibt es „Rechtsradikale" nicht, nur Rechtsextreme, Rechtsfundamentalsten, Ultrarechte oder ...

66 C.F.L. Hoffmann, *Vollständiges politisches Taschenwörterbuch. Ein Handbuch zur leichten Verständigung der Politik, der Staatswissenschaften und Rechtsurkunden so wie überhaupt eine ausführliche Erklärung aller politischen und socialen Fragen, constitutionellen und staatsrechtlichen Begriffe, Ausdrücke, Parteinamen und Fremdwörtern*, Leipzig 1849, S. 186.
67 Zit. in: *Die Aktion* Nr. 211 vom Ende November 2005, Hamburg S. 38.

**Endlich frei!**

Anfang April 1920 sind die ersten „fremdstämmigen und fremdrassigen Elemente" – wie der neue Bayerische Ministerpräsident Gustav von Kahr, der in der
Folge des Kapp-Putsches an die Macht kommt, unerwünschte Fremdlinge nennt
– im Ausländersammellager *Fort Prinz Karl* bei Ingolstadt interniert. Die Unterbringung in diesem Lager spottet jeder Beschreibung. Nach dem 26. September
1923 lässt die Bayerische Staatsregierung 180 jüdische Familien, die zum Teil
zwanzig Jahre und länger in Bayern ansässig waren, zum Zweck der Ausweisung nach Polen internieren. Damit wandelt sie den theoretischen Antisemitismus zum praktischen. Jeder Staatsbürger kann sich ab jetzt auf die Tat der
Staatsregierung berufen. Der Antisemitismus wird salonfähig. Erst im Februar
1924 wird das Lager aufgelöst.[68]

Am 24. Oktober 1923 meldet die Niederschönenfelder Verwaltung dem Justizministerium, dass sich vor drei Tagen sieben Gefangene, unter ihnen Mühsam,
in der Zelle von Ferdinand Luttner versammelt haben:

> „Befreiung" war ihr Thema. Von drei Kolonnen war die Rede, die anrücken unter
> Führung von „Fritz", wenn er draußen sei. Durch die Torwache komme man
> leicht. Als Parole gebe man „Kronprinz Rupprecht" an, dann mache der Wächter
> schon auf. Er werde überwältigt; das Telefon besetzt. Am Sonntag sei es am güns-
> tigsten. Luttner meinte, etwa 38 Aufseher seien nach seiner Berechnung Sonntags
> im Hause. Aber sicher seien viel Maschinengewehre da.[69]

War einer in der Gruppe der Denunziant? Hat ein Wächter an der Türe gehört?
Oder war dieses Zusammentreffen eine Erfindung?

Am 8. November 1923 kommt es zum Schuss in die Decke des Münchner *Bür-
gerbräukellers*. Die Wachen um die Festungshaftanstalt herum werden verstärkt.
Auf Nachfragen erfahren die Gefangenen, dass sie vor Angriffen der Rechtsex-
tremen geschützt werden sollen.

Zenzl zieht gemeinsam mit Weigel am 29. November endgültig von der
Adalbertstraße nach Berlin, Lützowstraße 10/0 um; seit Ende September hat sie
sich bemüht, die Münchner Wohnung gegen eine Berliner Wohnung zu
tauschen, und inzwischen einen großen Teil des Hausrates bei Berliner
Verwandten von Erich eingestellt.

Sie konzentriert nach dem Umzug alle ihre Aktivitäten auf die Freilassung der
politischen Gefangenen. Die Münchner Polizei findet eher zufällig anlässlich

---

68 Vgl. dazu auch Theodor Straub, Das Ausländersammellager Fort Prinz Karl bei Ingolstadt. Bayerns
erstes ‚Konzentrationslager' (1920 – 1924). In: *Geschichte quer. Zeitschrift der bayerischen Ge-
schichtswerkstätten* Nr. 4/1995, S. 18 ff.
69 Pol. Dir. 15590/5, pag. 376, STAM.

einer Haussuchung einen Brief von Zenzl an Münchner Genossen und leitet dessen Inhalt an die Berliner Kollegen weiter:

> Am 11.10. muss ich in Köpenick sprechen vor ungefähr 5.000 Arbeitern, Pieck und ich werden reden. Wie ich das erste Mal öffentlich vor der Arbeiterjugend in Berlin sprach, waren die Plakatsäulen groß: Die Gattin des Dichters Erich Mühsam spricht: Niederschönenfeld und Bayern. Da war der Saal so voll; alles schwitzte, ich aber auch. […] Wenn Erich nicht kommen sollte (aus der Festung), dann reise ich mit Toller durch ganz Deutschland, wir beide sind eine leise Sensation. Also das wird für die Gefangenen ausgenützt.[70]

1924 sind viele Gefangene schon entlassen. Im Mai konstatiert die Festungsverwaltung drei Gruppen. Fritz Sauber bildet mit vier Genossen den Block der KPD. Mühsams anarchistische Gruppe zählt mit ihm zusammen vier Kameraden. In Ernst Tollers „Gruppe der Intellektuellen" befinden sich weitere fünf Gefangene. Man munkelt, hier würde gegen den § 175 verstoßen. Vier Gefangene haben sich zurückgezogen und keinen Anschluss an eine Gruppe. Es kommt kaum noch zu Konflikten. Der Festungsvorstand lässt die immer weniger werdenden Inhaftierten in Ruhe, sicher auch, weil Mühsam schwer krank ist und das Justizministerium ein vorsichtigeres Verhalten des Wachpersonals angeordnet hat. Bayerns Bild im Ausland hat durch die Veröffentlichungen über die Zustände in den Festungsanstalten gelitten.

Schließlich soll der komfortabel in Landsberg einsitzende Hitler amnestiert werden. Da macht es einen schlechten Eindruck, wenn nicht auch einige Linke entlassen werden. Am 20. Dezember 1924 werden Mühsam, Olschewski, Sauber und Karpf freigelassen.

Der gesundheitlich angeschlagene Dichter will möglichst schnell fort aus dem ungastlichen Bayern. Die Behörden sind erleichtert. Mühsam sitzt ohne Geld mit zwei Koffern voller Bücher, die er kaum schleppen kann, im Zug nach Donauwörth. Es geht ihm nicht gut, aber zumindest atmet er nach 5 ½ Jahren endlich wieder „ungesiebte Luft". In Donauwörth wartet Zenzl auf ihn, um von dort gemeinsam weiter nach Berlin zu fahren.

Wie ein Lauffeuer verbreitet sich am 21. Dezember die Kunde in den Berliner Arbeiterquartieren: Heute Abend kommt der revolutionäre Dichter mit dem Zug direkt aus Bayern im Anhalter Bahnhof an. Arbeiter formieren sich, marschieren mit roten Fahnen los, um Mühsam zu begrüßen. Die Polizei hält ihre Mannschaften bereit. Geschlossene Züge sind verboten. Die Kavallerie reitet wütende Attacken in die Menschen, zersprengt einzelne Züge, die sich immer wieder neu bilden. Es kommt zu Scharmützeln.

---

70 Polizeipräsidium München an die Abteilung Ia des Polizeipräsidiums Berlin am 17.10.1924. In: Pol. Dir. 15590/6, pag. 406, STAM.

Auf dem Askanischen Platz vor dem Bahnhof brodelt es. Die Polizei zählt 5.000 Menschen, lässt gegenüber dem Bahnhofshaupteingang einen Lastkraftwagen mit drohend aufmontiertem Maschinengewehr bereitstellen und beginnt zu Fuß und zu Pferde mit dem Gummiknüppel den Bahnhofsvorplatz zu räumen. Menschen brechen zusammen und bleiben liegen, Schreie ertönen: „Bluthunde, Mörder!" – wer protestiert, wird verhaftet. Vor dem *Hotel Excelsior* wartet das Automobil, in dem Mühsam in seine neue Berliner Wohnung gebracht werden soll.

Kaum ist der Dichter dem Zug entstiegen, packen ihn kräftige Proletarierfäuste; er wird auf Schultern gehoben. Wilhelm Pieck will etwas sagen, ist kaum zu hören. Mühsam dankt. Die Internationale wird angestimmt, da stürmen die prügelnden Polizisten los.[71] Schnell bildet sich ein schützender Kordon um den Dichter und um Zenzl, man trägt ihn aus dem Bahnhof. Die brodelnde Menge lässt ihn hochleben. Es ist ein Triumphzug inmitten des Getümmels von sich aufbäumenden Polizeipferden, Prügelnden, Flüchtenden, Fallenden. Mühsam ist glücklich. Er kämpft mit den Tränen, seine Schmerzen sind weg, wie verflogen.

In den folgenden Monaten reisen Mühsam und Sauber im Auftrag der *Roten Hilfe* durch Deutschland, um auf Massenversammlungen für die Befreiung der immer noch 7.000 politischen Gefangenen zu agitieren. Wo sie hinkommen, werden sie begeistert empfangen. Dem Dichter fliegen überall die Herzen zu.

Am 15. März 1925 sprechen sie in einer Versammlung der *Freien Arbeiterunion* in Braunschweig. Am 18. März meldet die dortige Behörde an die Münchner Polizeidirektion, dass Mühsam gesagt habe, Hagemeister sei

> durch die Willkür des Gesetzes in der genannten Strafanstalt gemordet. Als ihm
> von den Versammlungsteilnehmern zugerufen wurde, er sollte vorsichtig mit sol-
> chen Äußerungen sein, behauptete M., es sei tatsächlich ein Mord, man möge ihm
> wegen des Ausdruckes ruhig den Prozeß machen. Es wäre gefährlich solche Sa-
> chen zu behaupten, dieses wüsste er sehr wohl, er würde aber die Konsequenzen
> tragen. [...] Kein Putsch, sondern gesamtes Losschlagen müsste Gerechtigkeit
> bringen. Die Gedanken lägen ihm ferne, hier aufreizend zu wirken, denn er kenne
> den § 130 R.St.G.B. genau, er wüßte auch, wie weit er zu gehen hätte, da er nur
> eine Bewährungsfrist seiner Strafe habe. [...] gez. Mack.[72]

Chris Hirte fasst die Zeit der Gefangennahme Mühsam am eindrücklichsten zusammen:

> Im Glauben, die Niederlage der Münchner Revolutionäre sei nur eine vorüberge-
> hende Turbulenz im unaufhaltsamen Fortgang der Weltrevolution, hielt Mühsam
> in der Festungshaft unverdrossen an seiner anarchistischen Mission fest: kämpfe-
> rische Solidarität und kultivierte Geselligkeit im Zeichen der kommunistischen

---

71 Siehe auch: Bruno Frei, Mühsams Ankunft in Berlin 1924. In: *Europäische Ideen* Nr. 5/6 – 1974, S. 29.
72 Staatsanwaltschaft München I, 2131/I, pag. 6, STAM.

Anarchie als Vorübung auf den großen Tag der Befreiung vom Regime der Kriegsgewinnler, Arbeiterverräter, Spartakistenjäger und Kerkermeister. Doch schon nach wenigen Monaten zeigte sich, dass sein Elan (der ihn für sechs Wochen sogar zum Mitglied der KPD machte) ins Leere lief. Die Anarchie hinter Kerkermauern war selbst mit Hungerstreik nicht zu erzwingen. Und seine Kampfgefährten von München suchten lieber Halt bei den großen Parteien als bei einem Idealismus, der doch nicht der Ihre war. Von der Realpolitik war es ein kurzer Weg zur Ausgrenzung des Abweichlers, zur Denunziation und Intrige. Die Bewacher spielten virtuos auf dem Instrument der Zuträgerei, um die Gefangenen aufeinander zuhetzen und benutzten dazu auch Mühsams Tagebücher. Seine Berichte aus der Hölle des hautnahen, mit Fäusten ausgetragenen Parteienstreits wurden regelmäßig konfisziert, mit dem Rotstift ausgewertet und zur weiteren Zermürbung der Klassenkämpfer verwendet.

Mühsam resignierte nicht; dieser Ausweg war ihm versperrt, seit er sich der Anarchie verschrieben hatte. Aber er warf alle Hoffnung auf eine Elite, die es irgendwo in Deutschland geben musste, junge, ungebrochene Proletarier, die wie er bereit waren, für eine gerechte Welt zu kämpfen, ohne Wenn und Aber und ohne den korrumpierenden Einfluss der Parteien. Aus dem lebensfrohen Revoluzzer war ein einsamer Prophet geworden, dessen rettende Botschaft mit Füßen getreten wurde – zu seinem Entsetzen auch in der Sowjetunion, wo sich statt der erträumten proletarischen Kultur eine menschenverachtende Parteidiktatur etablierte.[73]

## Kleines Personenglossar:

Martin Andersen Nexö (1869–1954), bedeutender dänischer Arbeiterdichter, Kommunist.

Prof. Dr. Ernst von Aster (1880–1948), Ordinarius für Philosophie in München.

Hans Beimler (1895–1936), Metallarbeiter, KPD, 1933 Flucht aus dem KZ Dachau, fällt im Spanischen Bürgerkrieg.

Albert Daudistel (1890–1955), Handlungsreisender und Schriftsteller, *Volkskommissar für politisch Verfolgte und ausländische Revolutionäre*, KPD, zu 6 Jahren Festung verurteilt.

Alois Adolf Dichtl (1879–?), Lithograph, SPD, Gegner der Räterepublik, ab 1924 Ortsvorsitzender des *Reichsbanners Schwarz-Rot-Gold*, ab 1928 Parteisekretär, 10.3.1933 KZ Dachau.

Rudolf Egelhofer (1896–1919), Matrose, KPD, Münchner Stadtkommandant, dann Oberkommandierender der Münchner *Roten Armee*, am 3. Mai 1919 ermordet.

Kurt Eisner (1867–1919), SPD, dann USPD, erster Ministerpräsident des Freistaates Bayern, ermordet.

Johann Elbert (1889–?), Kaufmann, vom Standgericht Aschaffenburg im Juni 1919 zu 2 Jahren Festung verurteilt.

---

73 Mühsam, *Tagebücher 1910 – 1924*, a.a.O., S. 371.

Otto Graf (1892–1971), Lehrer, KPD, bayr. MdL, Übertritt zur USPD, dann zur SPD, MdB 1949–1953.

Paul Grassl (1894–?), Kaufmann, KPD, vom Volksgericht München im August 1919 zu 1 Jahr 10 Monaten Festung verurteilt.

August Hagemeister (1879–1923), Lithograph, USPD, *Volksbeauftragter für Volkswohlfahrt*, vom Standgericht Würzburg im Juni 1919 zu 10 Jahren Festung verurteilt.

Dr. Max Halbe (1865–1944), Autor naturalistischer Romane und Dramen.

Max Hoelz (1889–1933), Eisenbahntechniker, USPD, ab 1919 KPD, 1921 KAPD, Anführer des Mitteldeutschen Aufstands, dann wieder KPD.

Johannes Hoffmann (1867–1930), Schullehrer, SPD, bayr. MdL, MdR, Kultusminister der Regierung Eisner, bayr. Ministerpräsident seit dem 16.3.1919, zunächst in Bamberg, nach der Niederschlagung der Räterepublik wieder in München, demissioniert in Folge des Kapp-Putsches.

Léon Hirsch (1886–1954), Berliner Buchhändler.

Dr. med. Eugen Kahn (1887–1973), 1919 Erster Assistenzarzt an der Psychiatrischen Universitätsklinik in München, 1927 habilitiert.

Dr. Gustav Ritter von Kahr (1862–1934), Jurist, Bayerische Volkspartei, nach dem Kapp-Putsch 1920–1921 bay. Ministerpräsident, 1923 – Februar 1924 Generalstaatskommissar, im Zuge der Röhm-Affäre ermordet.

Johann Kain (1887–?), Kaufmann, USPD, Mitbegründer der KPD, Parteisekretär, zu 6 Jahren Festung verurteilt.

Eugen Maria Karpf (1893–?), Leutnant a.D., Student, USPD, Adjutant Egelhofers, zu 12 Jahren Festung verurteilt.

Prof. Dr. Emil Kraepelin (1856–1926), seit 1904 Ordinarius für Psychiatrie an der Münchner Universität.

Gustav Landauer (1870–1919), anarchistischer Publizist, Freund und Lehrer Mühsams, wird am 2. Mai 1919 beim Einmarsch der „weißen" Truppen misshandelt und ermordet.

Dr. Eugen Leviné (1883–1919), Nationalökonom und Schriftsteller, SPD, ab 1918/19 KPD, ab März 1919 Führer der Münchner Kommunisten, am 5. Juni 1919 hingerichtet.

Anatolij Wassiljewitsch Lunatscharski (1875–1933), russ. Schriftsteller, 1918–1929 sowjetischer *Volkskommissar für das Bildungswesen*.

Ferdinand Luttner (1887–?), KPD, vom Münchner Volksgericht wegen Beteiligung an der Münchner Räterepublik 1921 zu 3 Jahren Festung verurteilt, nach seiner Freilassung Parteisekretär der KPD-Südbayern.

Carl Georg Wilhelm Heinrich von Maassen (1880–1940), Literaturwissenschaftler, Hg. einer unvollendet gebliebenen E.T.A. Hoffmann-Gesamtausgabe.

Dr. Ernst Müller(-Meiningen) (1866–1944), Jurist, DDP, bayr. MdL, 1920/21 bay. Justizminister, MdR, dann Oberlandesgerichtsrat.

Georg Murböck (1887–?), SPD, Gewerkschaftssekretär, in der Räterepublik aktiv, zu 4 Jahren Zuchthaus verurteilt, Urteil in Festungshaft umgewandelt, später Kassier in einer Baugenossenschaft, wegen Unterschlagung zu 2 Jahren Gefängnis verurteilt, 1932 Übertritt zur NSDAP.

Ernst Niekisch (1889–1967), Volksschullehrer, SPD, dann USPD, Vorsitzender des Zentralrats, vom Standgericht München im Juni 1919 zu 2 Jahren Festung verurteilt, wird zum wichtigen Exponenten des Nationalbolschewismus.

Wilhelm Olschewski (1871–1943), Kaufmann, USPD, vom Standgericht Augsburg im Juli 1919 zu 7 Jahren Festung verurteilt, nach seiner Freilassung KPD, nach 1933 im Widerstand, hingerichtet.

Franz Pfemfert (1879–1954), Anarchist, 1911–1932 Herausgeber der *Aktion.*

Wilhelm Pieck (1867–1960), Zentralkomitee der KPD, Vorsitzender der *Roten Hilfe*, bis zu seinem Tod Präsident der DDR.

Prof. Dr. Gustav Radbruch (1878–1949), Jurist, SPD, MdR, Reichsjustizminister 1921/22 und 1923.

Markus Reichert, Vertreter demobilisierter Soldaten, KPD, verurteilt zu 1 Jahr 3 Monaten Festung.

Franziska zu Reventlow (1871–1918), Schriftstellerin, Exponentin der Münchner Bohème.

Karl Römer (1892–?), Kunstmaler, im Sommer 1919 Parteisekretär der Münchner KPD, wegen Aufforderung zum Hochverrat zu 3 Jahren Zuchthaus verurteilt.

Dr. Karl Heinrich Otto Rühle (1874–1943), Pädagoge und Publizist, SPD, dann KPD, dann KAPD.

August Sandtner (1893–1944), Bäcker, KPD, vom Volksgericht München im Juli 1921 zu 3 Jahren 6 Monaten Festung verurteilt.

Fritz Sauber (1884–?), Kellner, USPD, Vorsitzender des Landessoldatenrats, vom Standgericht Würzburg im Juni 1919 zu 12 Jahren Festung verurteilt, KPD-MdR ab 1920.

Adolf J. Schmidt (1886–?), Buchdrucker, KPD, vom Standgericht Kempten im Juli 1919 zu 3 Jahren Festung verurteilt, MdL.

Ernst Schneppenhorst (1881–1945), Schreiner, Gewerkschaftssekretär in Nürnberg, SPD, bayer. MdL, Militärminister der Regierung Hoffmann, im KZ ermordet.

Dr. med. Rudolf Schollenbruch (1856–1938), Münchner Armenarzt, Mitglied der Gesundheitskommission des Zentralrates.

Max Josef Schwab (1897–1977), Kaufmann, KPD, Leiter des Verkehrswesens, vom Volksgericht München im Dezember 1919 zu 4 Jahren Festung verurteilt, 1930–1936 Komintern-Delegierter, 1956–1966 stellvertretender Minister für auswärtige Angelegenheiten der DDR.

Martin Segitz (1853–1927), Zinngießer, Arbeitersekretär und Redakteur, SPD, seit 1897 bay. MdL, MdR, Innenminister der Regierung Hoffmann.

Alfred Seiffertitz (1884–?), Kunstmaler, Führer der *Republikanischen Schutz-truppe.*

Josef Sontheimer (1867–1919), Kaufmann, Freidenker und Anarchist, ermordet am 4. Mai 1919.

Martin Steiner (1864–?), Bauer und Mühlenbesitzer, Bayerischer Bauern-Bund, *Volksbeauftragter für Land- und Forstwirtschaft*, MdL, Landwirtschaftsmi-nister der Regierung Hoffmann.

Wolfgang Thierauf (1870–?), Schneidermeister, vom Volksgericht München im Juli 1921 zu 1 Jahr 3 Monaten Festung verurteilt.

Ernst Toller (1893–1939), Schriftsteller, USPD, Vorsitzender des Zentralrates, vom Standgericht München im Juli 1919 zu 5 Jahren Festung verurteilt, Frei-tod in New York.

Anton Waibel (1889–1969), Möbelschreiner, KPD, proklamiert am 7.4.1919 in Würzburg die Räterepublik, vom Standgericht Würzburg im Juni 1919 zu 15 Jahren Festung verurteilt.

Prof. Dr. Max Weber (1864–1920), Sozialwissenschaftler, Mitbegründer der DDP.

Max Weber (1885–?), Schauspieler, KPD, Festungsgefangener in Ansbach, tritt nach seiner Entlassung aus der Festungshaft der NSDAP bei.

Fritz Weigel (1890–?), USPD, *Volkskommissar für Ernährung*, dann KPD, Münchner Stadtrat.

Sigmund Wiedenmann (1885–?), Mechaniker, KPD, vom Volksgericht Mün-chen im Februar 1920 zu 2 Jahren 6 Monaten Festung verurteilt.

Josef „Sepp" Wittmann (1899–1927), Kontorist, Anarchist, vom Volksgericht München im Februar 1920 zu 2 Jahren 6 Monaten Festung verurteilt, Beteili-gung am Lörracher Aufstand, 8 Monate Gefängnis.

München 22. Januar 1920
Nachm. 7 Uhr

Vermerkung.                              227

I. [Gruppen]kommando 4 Herr Hauptmann
[...] teilt telefonisch mit, daß ihm Kunstmaler
Lindemann Burgstr. No 7/3 [...] mitteile
daß vor 10 Minuten 1 Mann ins Parkhotel
gegangen, der anscheinend [...] Mühsam
[...] sei. Er [...] 
machen lassen.

II. Herrn Ass. Dr. Frick hiervon verständigt, es dürfte
vielleicht ein Irrtum sein, jedoch wolle die
Fremdenkontrolle ihr Augenmerk darauf richten.

III. Zur Fremdenkontrolle.
                    Polizeidirektion
                    z. [...]
                    [...]
                    [...]

Pol. Dir. 15590/4, pag. 227, STAM.

In München wimmelt es von wachsamen Zeitgenossen:

> München 22. Januar 1920 / Nachm. 7 Uhr / Vormerkung / I. Gruppenkommando 4 Herr Hauptmann Maier teilt telefonisch mit, daß ihm Kunstmaler Lindemann Parkstr. N° 7/3 wohnhaft mitteile, daß vor 10 Minuten 1 Mann ins Parkhotel gegangen, der anscheinend Erich Mühsam gewesen sei. Er habe sich nur den Bart abmachen lassen. II. Herrn Ass. Dr. Frick hievon verständigt, es dürfte vielleicht ein Irrtum sein, jedoch wolle die Fremdenkontrolle ihr Augenmerk darauf richten. III. Zur Fremdenkontrolle: Polizeidirektion I.A. der diensth. Burkard P!

Dr. Frick war Anfang der zwanziger Jahre Hitlers Verbindungsmann im Münchner Polizeipräsidium. Als Abteilungsleiter der politischen Polizei sorgte er dafür, dass rechtsextreme Fememörder entkommen konnten. 1933 bis 1943 war er Reichsinnenminister; im *Nürnberger Prozess* zum Tode verurteilt. Bei Hauptmann „Maier" handelt es sich um Karl Mayr, dessen Truppen an der Niederschlagung der Räterepublik beteiligt waren. Mayr, mit Ernst Röhm befreundet, schickte Hitler im September 1919 in die kleine nationalistische Deutsche Arbeiterpartei, um diese auszukundschaften. Hitler trat der Partei bei, die bald ihren Namen in NSDAP änderte. Mayr war aktiv am Kapp-Putsch beteiligt, wandte sich im Herbst 1921 der SPD zu, baute 1923 die *SA* (Sicherheitsabteilung) der Münchner SPD auf und wurde zur zentralen Figur des republikanisch orientierten *Reichsbanners Schwarz-Rot-Gold*. Anfang 1945 kam er im KZ Buchenwald ums Leben.

301

Der Staatskommissar     Berlin, den 2. Juni 1921.
für öffentl.Ordnung      Wilhelmstr.64

Tgb.Nr.II 17503/21.

    Im Anschluss an mein Schreiben vom 10.Mai d.Jhrs.

  Nr. II 17503/21-.

    Es ist richtig, dass sowohl Jakobsohn als Auch

  Salomon mit Mühsam in Verbindung stehen; das gleiche gilt

  auch von dem an der Weltbühne beschäftigten Redakteur

  Tucholski. Salomon selbst ist politisch nicht hervorge=

  treten. Er ist, wie bereits erwähnt, nicht als Leiter

  der Weltbühne zu bezeichnen, sondern nur mit einem gering=

  fügigen Betrag an dem Unternehmen beteiligt.

      gez. Wismann.

An die

Polizeidirektion        Polizeidirektion M.
              Abt.VIa empf. 6.6.21
z.Hd.des Herrn Oberamtmanns F r i c k ,

   M ü n c h e n .

Pol. Dir. 15590/4, pag. 301, STAM.
Auch hier ist die Bemerkung über Frick von Abb. 1 gültig.

305

<u>VI a.</u>

I.     Der K.P.D.Stadtrat Weigl ( früher U.S.P. links ) wurde im April
       in Stuttgart wegen Aufreizung zum Klassenkampf verhaftet.

       "  Am 26.5.1921 wurde bei dem sogenannten Edelanarchisten
       M ü h s a m auftragsgemäss eine Zellendurchsuchung vorgenommen.
       Um geschmuggelte Briefe zu finden,habe ich alle bereits zenseirten
       Briefe nochmals durchgelesen.

            Auf einem Stückchen Papier hat Frau Mühsam ihrem Ehemann mit =
       geteilt; Herr Stadtrat Fritz Weigl schenkt Dir allein am
       12.5.1921  100 Mark.Er war verhaftet und ist wieder frei ".Viel =
       leicht hat Weigl vor Freude über seine Freiheit Mühsam 100 Mark
       geschenkt.

            Ein Brief vom 4.5.1921 von Frau Mühsam an ihren Ehemann wurde
       gefunden,welcher auch auf dem gleichen Blatt von Weigel zu einer
       schriftlichen Mitteilung über die Erlebnisse in Stuttgart be =
       nützt wurde. Weigel schildert den Vorgang seiner Verhaftung in
       Stuttgart,dass der Verhaftungsgrund in dem Vortragen eines Ver =
       ses von Mühsam's Gedichten gefunden wurde.Weigel schreibt wei =
       ter,dass er in letzter Zeit viel auf Reisen war und dass für die
       Festungsgefangenen unter den Genossen grosse Sympathie herrsche.

            Bei der Durchsuchung wurden auch Gedichte von Mühsam gefunden,
       deren Jnhalt dem Hochverrat sehr nahe steht.

            Weigel schreibt,dass er auf seinen Reisen die Behandlung der
       Festungsgefangenen erwähnte und dass ihre Behandlung einen tiefen
       Eindruck und Empörung unter den Genossen hervor gerufen habe. "

II.    Urschrift im S.A.: Festungshaftanstalt Niederschönenfeld.

Pol. Dir. 15590/5, pag. 305, STAM.

**Mühsam stöhnt unter dem weißen Terror.**

Unterkunft und Verpflegung in Niederschönenfeld und anderen bayerischen Luftkurorten scheint gut zu sein. Die Leute sticht der Hafer. Einer der Stallmutigsten, Erich Mühsam, Festungsgefangener in Ansbach, leidet am meisten darunter.

Für solche, die diesen Herrn noch nicht kennen sollten, kurz folgendes: Erich Mühsam, ein Sprößling des alten Adelsgeschlechtes Ramses des Krummnasigen, vor Jahren eifriger Besucher des Kaffees „Größenwahn", hervorragender Agitator niedlicher und jüdlicher Interessensphären, linker Flügeladjutant des Attentäters und Doppelmörders Lindner, ehemaliger Komiker und Tribünenaugust des Landtages, parteipolitisch ein maschechter Kommunist, wirtschaftlich ein blutarmer Proletarier, dessen Vater „nur" 13 Häuser besitzen „soll", ist zurzeit verreist nach Ansbach, wo er sich in politischer Sommerfrische befindet und ein beschauliches Dasein fristet. Er leidet sehr unter den Schikanen eines weißen Terrors, ächzt und stöhnt wie nie zuvor. Auf Schritt und Tritt wird er wie ein „grausamer Moritäter" (von Böhners Bleisoldaten) schärfstens bewacht, er genießt keinerlei Freiheit. Daher schreibt er im „Freien Arbeiter", dem Publikationsorgan der Föderation der kommunistischen Anarchisten Deutschlands einen wuchtigen Artikel, der bestimmt ist zur Aufklärung der klassenbewußten Proletarier. Als „neuester Schlager" dieser Art wurde der Aufsatz denn auch in einer kürzlich abgehaltenen Münchener Syndikalisten-Versammlung massig an die Genossinnen und Genossen verteilt.

„Die Antiparlamentarier im Reichstag", von Erich Mühsam, Festungsgefangener in Ansbach. Der „grausam" terrorisierte Festungsgefangene schreibt u. a. folgendes: „Clara Zetkin und Paul Levy sind da! (isomere Palestinaderivate. Die Red.). Die Antiparlamentarier im Reichstag! An Ort und Stelle wollen sie es den herrschenden Gewalten sagen, daß sie herrschende Gewalten sind! Da werden sie zittern. — An der Brutstätte der bourgeoisen Klassenherrschaft werden sie es der Welt verraten (Verräter waren sie schon immer! Die Red.) daß dieser Ort nichts anderes sei als die Brutstätte der bourgeoisen Klassenherrschaft! Die Maske werden sie der Bourgeoisie vom Gesicht reißen in ihrer eigenen Höhle — jawohl, die Maske! Bereits sind die ersten Reden der beiden kommunistischen Weltstürzer auf das zu Tode geängstigte Parlament (!) niedergegangen. — Gott sei Dank ist das Wallot-Haus trotz der Keulenschläge . . . heil geblieben. Das Dach ist nicht über Rednern und Zuhörern zusammengestürzt und die Bürger haben es mit eigenen Ohren vernehmen können, was mit ihnen los ist. — Clara Zetkins Programmrede war sicherlich eine vortreffliche rhetorische Leistung (Sicher! Die Red.) — Aber man konnte sich immerhin aus zwölf Zeilen Stenogramm auf das Genaueste über den Inhalt der zweistündigen Leidenschaft (!) Clara Zetkins informieren, aus denen man ersah, daß sie die engste Verbindung zwischen Deutschland und Rußland für das dringendste Erfordernis der Stunde hält. — Dr. Paul Levy, der smarte kommunistische Rechtsanwalt aus Frankfurt stellte sich seinen Todfeinden von der Parlamentskollegenschaft als Rufsmann vor (mit Glotzaugen, krummer Nase und Plattfüßen! Die Red.) . . . . Aber wie prinzipiell er sein Plaidoyer zu halten wußte!

*Das Bayerische Vaterland* Nr. 206 vom 7.9.1921.
In: Pol. Dir. 15590/5, pag. 327, STAM.

338

freigegeben! Bei Einvernahmen Vorsicht und nicht im Wortlaut,
sondern höchstens dem Sinne nach zu benützen!

Abschrift!

Brief an den Festungsgefangenen Erich Mühsam von dem ehemaligen
Festungsgefangenen Ernst Niekisch ,Augsburg ).

Augsburg, den 29.10.1921.

Lieber Mühsam !

Ich bin Dir trotz allem noch niemals gram gewesen,zudem mussten
dort ja überhaupt alle persönlichen Empfindlichkeiten zurücktreten,
so sachliche Angelegenheiten in Frage stehen.Es freut mich, dass Du
auch die persönlichen Differenzen für erledigt hälst,für mich
selbst waren sie nicht mehr vorhanden, seitdem ich wieder in den
Besitz meiner Freiheit gelangt bin.Von Deiner Eingabe habe ich schon
sagen hören,ich werde mich bemühen,sie zu Gesicht zu bekommen.
    Zeit genug wäre auch noch dazu, dass Du das Schriftstück dem
Landtagspräsidium zuleiten könntest.Ich würde Dir das empfehlen.
    Mit Professor R a d b r u c h stehe ich in Verbindung.Ich hof=
fe „es wird sich schliesslich doch noch fruchtbar erweisen.Es wird
Dir bekannt sein,dass ich etwa eine Stunde bei Lerchenfeld war.
Was weiter daraus folgt, sehe ich augenblicklich noch nicht vor =
aus.Meine Gedanken sind; sans phrase - sehr viel bei Euch,wenn
ich mich damit begnüge,Dir lediglich dieses Wenige zu sagen,so
wirst Du meine Gründe verstehen.Im Uebrigen bin ich ausserordent =
lich beschäftigt.Freilich bei aller Geschäftstätigkeit ist die
Frage mehr als berechtigt " wozu dies alles nütze sei ?" Die poli =
tische Lage und die politischen Aussichten sind in jedem Betracht
hoffnungslos,trostlos.Jederzeit stehe ich Dir zur Verfügung.Ich
hoffe noch des Oefteren von Dir zu hören.
    Mit bestem Gruss

Dein Niekisch,

Berichtsauszug aus Niederschönenfeld vom 20.III.1922.      365
========================================================

Merkwürdig ist der sich in wiederholten Aeusserungen von Festungs=
gefangenen,in Briefen von und zur Festung äussernde feste Glaube
der hiesigen Gefangenen – Mühsam liess sich bereits eine Kiste
für den Fall seiner Freiheit schicken–, sie würden dieses Jahr noch
frei.Sauber spricht mit anderen Radikalen davon,wie sich die künf =
tige Sowjetregierung in München einzurichten hat,z.B. Sowjethaus
wird das Regina Palast Hotel,Justizpalast ist zu klein,das Rathaus
wird als " Kommune " errichtet,die vielen Kasernen dienen den roten
Soldaten und ihren Familien zum Aufenthalt,die alte englische und
französische Gesandtschaft werden Gewerkschaftshäuser,das Verkehrs=
ministerium bleibt besonderen Zwecken vorbehalten,der Starnberger
Bahnhof wird voll mit Panzerzügen gestellt,die direkt nach Regensburg
fahren können,die Residenz soll eventuell für Wohnungen ausgebaut
werden.

Sauber äusserte sich weiter: Wenn wir jetzt die Macht haben,
was sicher kommt,dann wird mitten im Hof ein eiserner Galgen er =
richtet und von den Bluthunden einer nach dem andern hingerichtet,
zuerst werden sie richtig mit Bajonetten gestochen und dann lässt man
sie hängen.Am liebsten möchte ich gleich früh beim Aufstehen so
10 Bluthunde erschiessen,dann würde mir das Frühstück am besten
schmecken.Mit dieser Gesellschaft müssen wir aufräumen.Der Spazierhof
wird abgebrannt oder in die Luft gesprengt,ebenso der Zellenbau.

Das Bestreben dieser Radikalen geht dahin – ev.will man simulieren
nach Erlangen in die Heil = und Pflegeanstalt zu kommen.Man ver =
spricht sich von dort aus leichtere Verbindung nach Aussen,insbe =
sondere durch Besuch ohne Aufsicht oder durch vertrauliche Beziehun=
gen,so habe Wenisch mit der dortigen Anstaltsarztenstochter sogar
ein Verhältnis gehabt.

Pol. Dir. 15590/5, pag. 365, STAM.

Kriminal-Registratur
des K. Landgerichts München I.

**Betreff**

**Vormerkung.**

Laut Mitteilung der k. Polizeidirektion München — des k. Bezirksamts
...................................................... vom ...............................

sind für den Transport des Gefangenen nach

Kosten erwachsen, welche hiemit zu den Akten vorgemerkt werden.

Am .............................. 191

Proz.-Reg.-Nr.
Transportkosten-Vormerkung.
Albert Eigner, München.

Staatsanwaltschaft München 1, 2131/II, pag. 182, STAM.

Es finden sich keine Hinweise darauf, dass Mühsam am 11. bzw. 12. August in München war. Das Datum der Vormerkung wurde offenbar auch zum Datum des Transports erklärt. Tatsächlich erfolgte der Transport von München nach Ebrach vom 23. bis zum 26. Juli 1919.

Staatsanwaltschaft München 1, 2131/III, pag. 147, STAM.

„München, 28. Juni 1919 / Aktenvormerkung. / Betreff: Mühsam Erich, geb. 6.4.1878 in Berlin. / Mühsam wurde am 28. Juni 1919 $12^{30}$ vormittags auf Anordnung des Herrn Staatsanwalts des Standgerichts München von 2 Schutzleuten des Stadtmagistrats Nürnberg der Polizeidirektion überstellt und um $2^{30}$ vormittags dem Strafvollstreckungsgefängnis Stadelheim abgeliefert. / Der Transport von der Polizeidirektion nach Stadelheim wurde von Assistent Klug mit 2 Schutzleuten ausgeführt und sind für Benutzung einer Autodroschke 39 M 40 Pf erstanden, welche mittels Kostenaufrechnung vom Taxamt der Pol.direktion rückerstattet wurden."

## Merkspruch von Erich Mühsam

O, daß ich nie verlöre
Den Glauben ans Menschen-
Was ich auch seh' und höre [tum,
Von Menschen ringsherum.
Ich will von jedem meinen,
Daß er meinesgleichen sei.

Die böse tun und scheinen,
Sind arm nur und nicht frei.
Wer flucht und tobt, der leidet.
Helft ihm zu Freiheit und Glück.
Wer euch um Freude beneidet,
Dem gebt sein Teil zurück.

*Die Weltbühne* Nr. 10 vom 8.3.1923, S. 269.

## Standhafter Wille von Erich Mühsam

Jetzt prasselts in Schlossen auf mich nieder
Und schleudert Hagel und Donnerkeil.
Es hämmert die Schläfe, es zucken die Glieder:
Aber der Wille ist noch heil.
Den Willen können sie nicht zerbrechen,
Wie sie auch zwicken an meinem Mark
Und mich mit glühenden Nadeln stechen.
Meinem Willen befehl' ich: Bleib stark!
Einmal, den Durst meiner Sehnsucht zu stillen,
Spät oder bald — es kommt der Tag,
Und dann brauch' ich den stählernen Willen,
Daß er die Tat mir lenken mag.
Sei es der Tag der befreienden Rache,
Sei es der Tag der genesenden Zeit —
Denk an den Tag, mein Wille, und wache!
Es kommt der Tag! Bleib stark und bereit!

*Die Weltbühne* Nr. 36 vom 4.9.1924, S. 350.

### Statistik über Disziplinar-Strafen,

die während Eines Jahres gegen vierzehn Festungs-Gefangene „verhängt" wurden.

| F.-G. | Einzelhaft Tage | Bettentzug Tage | Hofentzug Tage | Partieller Hofentzug Tage | Schreibverbot Tage | Kantineverbot Tage | Paketverbot Tage | Zurückhaltg.v. Bitten Tage | Rauchverbot Tage | Besuchverbot Tage |
|---|---|---|---|---|---|---|---|---|---|---|
| W. | 154 | 3 | 74 | 137 | 177 | 24 | 170 | | 28 | 170 |
| T. | 149 | 14*) | 70 | 95 | 243 | 48 | 217 | | 28 | 168 |
| I. | 89 | | 56 | 95 | 140 | 31 | 140 | | 16 | 114 |
| E. | 60 | 3 | 80 | 90 | 150 | | 104 | | 14 | 104 |
| N. | 27 | 14 | 32 | 104 | 104 | | 104 | | | 104 |
| W. | 42 | | 28 | 142 | 120 | 30 | 104 | | | 120 |
| Sa. | 75 | 6 | 32 | 104 | 109 | 24 | 104 | | 10 | 110 |
| Sch. | 21 | | | | 28 | | | | 14 | 90 |
| O. | 73 | | 18 | 159 | 143 | 68 | | | 14 | 160 |
| K. | 14 | | 24 | 104 | 120 | | 104 | 28 | | 104 |
| Se. | 41 | | 18 | 57 | 57 | 35 | 57 | | | 57 |
| G. | 80 | | 60 | 104 | 160 | 50 | 120 | | 14 | 104 |
| Sch. | 54 | | 31 | 104 | 140 | 13 | 140 | 35 | 13 | 104 |
| K. | 95 | | 51 | 146 | 164 | 32 | 164 | | 28 | 164 |
| 14 | 974 | 40 | 574 | 1441 | 1855 | 355 | 1528 | 63 | 179 | 1673 |

\*) Dazu 8 Tage Dunkelarrest, 24 Tage Kostentzug, außerdem 223 Tage Musikverbot.

Ernst Toller, Dokumente bayrischer Justiz.
In: *Die Weltbühne* Nr. 42 vom 16.10.1924, S. 583.

## Zuversicht von Erich Mühsam

Das Leid, das mich bewegt
Um aller Menschheit Leid,
Das hat mir auferlegt
Ein ätzend Nessuskleid.
Das brennt den Körper wund.
Doch ob die Haut zerreißt —
Die Seele bleibt gesund,
Und stärker wird der Geist.
Ihr kennt Gewalt und Zwang.
Ich kenne meine Pflicht.
Wer bessere Waffen schwang —:
Die Zukunft hält Gericht.

*Die Weltbühne* Nr. 52 vom 28.12.1922, S. 672.

Felicia Langer

# Brandherd Nahost[1]

Vielen Dank für die Einladung und die Möglichkeit, vor so einem engagierten, interessierten und intelligenten Publikum etwas zu sagen über die Situation im Brandherd Nahost, das heißt in Israel und Palästina. Zu den Menschenrechten kommen wir sicher auch noch, aber das Wichtigste ist diese politische Situation, die jetzt so prekär ist. Ich möchte anfangen mit der Palästinenser-Wahl im Januar 2005, weil Israel doch die ganze Zeit sagt, mit der Hamas kann man nicht reden. Im Januar 2005 war die Wahl für die Präsidentschaft in den Autonomiegebieten, und damals hat Mamut Abbas, d. h. die Fatah, 60 % der Stimmen erhalten, 20 % der Stimmen erhielt Mustafa Barghouti, eine linke Organisation bzw. ein linker Politiker, und alle waren für Gespräche mit Israel und für die Lösung „zwei Staaten für zwei Völker"; alle waren bereit für Gespräche, aber Sharon, der „Friedenskämpfer", hat gesagt, wir werden mit den Palästinensern nicht sprechen, und sein Berater, Dov Weisglass – er ist auch tätig in der Olmert-Regierung –, hat noch etwas anderes ganz klar gesagt, und das gilt bis zum heutigen Tage: „Wir werden mit den Palästinensern nur sprechen, wenn sie so friedfertig sein werden wie die Finnen. Andernfalls sprechen wir mit ihnen nicht." Können Sie sich vorstellen, was die Finnen gemacht hätten, wenn man ihnen so etwas angetan hätte, wie wir den Palästinensern angetan haben und noch weiter antun? Und übrigens waren die Finnen überhaupt nicht so friedfertig und so still in der Geschichte. Und warum gab es keinen Partner? Weil die Lösung, die Israel will, keine Lösung ist. Es gibt keinen Palästinenser, der eine solche Lösung akzeptieren kann: zerstückelte Gebiete, ohne Souveränität, ohne Ost-Jerusalem, mit den großen Flächen von jüdischen Siedlungen, fast 50 % von der Westbank will man annektieren, und man kann das Palästina-Staat nennen, wenn man will. Ein Politiker hat gesagt: „Die Palästinenser können das so nennen, wie sie wollen; sie können es ein gebratenes Hähnchen nennen. Wir werden sagen, dass das ein palästinensischer Staat sein soll."

So ist diese Auffassung, und es gibt noch eine andere, die auch die Auffassung von Sharon war, dass man die Grenzen alleine zieht, unilateral, weil es doch keinen Partner gibt, und das heißt „convergence", das heißt überhaupt nicht Rückzug oder Evakuierung von Gebieten, das Wort selbst, so einen Begriff „convergence", das kann man fast nicht übersetzen – „convergence": „zusammenrücken", aber was? Die Siedlungen.

Und was ist die echte Lösung? Es gibt auch eine Möglichkeit für einen Staat in Palästina, das heißt Palästina für alle, aber das ist meiner Meinung nach leider

---

1 In Absprache mit der Autorin von J.-W. Goette gekürzte Fassung des frei vorgetragenen Referats.

eine Utopie. Es kann sein, dass das in der Zukunft einmal zustande kommen wird, aber die Lösung, die die breiteste Zustimmung und auch den meisten Konsens im Ausland hat, ist die Lösung „zwei Staaten für zwei Völker", und das ist eine kolossale Kompromissbereitschaft seitens der Palästinenser, weil das bedeutet, dass sich die Palästinenser mit 22 % des historischen Palästinas begnügen – nur! –, aber das bedeutet Westbank, das bedeutet Gazastreifen, das bedeutet das okkupierte Ost-Jerusalem. Und was sagt das Völkerrecht dazu? Das wird fast verschwiegen; Sie wissen, dass man sich überhaupt nicht um das Völkerrecht schert. Das ist eine Katastrophe! Und das Völkerrecht ist hier sehr klar: Es gibt eine Resolution, die auch fast 40 Jahre alt ist, die Resolution 242 des Weltsicherheitsrates, das ist eine bindende Resolution, sie ist ohne amerikanisches Veto zustande gekommen, und diese Resolution sagt sehr klar, dass Landerwerb durch Kriege unzulässig ist und dass man die eroberten Gebiete räumen muss. Da diese Resolution des Weltsicherheitsrats bindend ist, ist sie eine Basis für alle möglichen Verträge; aber man spricht über diese Resolution nicht. Völkerrecht? Nun ja, es gibt überhaupt kein Völkerrecht. So wie es die Amerikaner und Israelis mit den Konventionen gegen Folterungen, mit den „Universal Declarations", tun. Wieso kann Israel sich in so einer Weise verhalten, dass mehr als 60 UNO-Resolutionen in Archive gesteckt und mit Staub bedeckt wurden und Israel sie überhaupt nicht beachtet? Es verachtet UNO-Resolutionen nur, weil die Unterstützung der Amerikaner so kolossal ist, weil Israel eine wichtige Rolle für Amerika im Nahen Osten spielt. Das ist überhaupt ein kleines Amerika im Nahen Osten. Man kann wohl sagen, dass Israel den Amerikanern hilft, den Nahen Osten zu erobern, und die Amerikaner helfen den Israelis, Palästina zu behalten, und sicher soll man nicht die kolossale oder vielleicht besser die pro-israelische Lobby in den Vereinigten Staaten unterschätzen. Jetzt spricht man über diese Dinge schon mehr, bisher war das tabu, und es ist noch tabu in Deutschland, aber ich versuche es in allen meinen Büchern zu erörtern. Diese Lobby ist mächtig, sie wirkt auf die amerikanische Regierung. Wenn man zum Beispiel die 10 Gebote abschaffen wollte, kann man im Kongress und Senat 97 % der Stimmen bekommen … Man kann Sharon und Olmert in Israel kritisieren, aber nicht in den Vereinigten Staaten. Und diese Lobby rühmt sich, dass sie so mächtig ist. Aber das ist plötzlich tabu, das soll man nicht sagen, insbesondere in Deutschland nicht.

Es gibt jetzt ein neues Buch von Finkelstein, und ich habe das Vorwort geschrieben, „Antisemitismus als politische Waffe. Amerika und Israel und der Missbrauch der Geschichte" (Piper-Verlag), und dort versuche ich, Finkelstein zu unterstützen und zu belegen, und er macht meiner Meinung nach eine sehr gute Arbeit darüber, was diese Lobby bewirkt und wie mächtig diese Lobby ist und wie man Antisemitismus als Waffe benutzt, wenn man die Kritik gegen Israels Verhalten total verschweigen oder diejenigen, die kritisieren, mundtot machen will.

Im Januar 2006 waren die Parlamentswahlen, und Hamas hat gewonnen. Warum hat Hamas gewonnen? Die Hamas war selber überrascht von dem Ausmaß des Sieges, denn man wusste, dass Hamas eine wichtige Rolle spielt, aber nicht, dass sie so viele Stimmen bekommen würde. Aber das ist jetzt so eine Sache: Man soll das nüchtern betrachten. Das ist kein Votum für einen islamischen Staat in Palästina. Weit entfernt davon! Das ist ein Protest-Votum gegen die Besatzung, weil die Zugeständnisse der Fatah und das Oslo-Abkommen nur ein Betrug waren, nicht mehr. Man hat weiter und weiter besiedelt und doppelt so viele völkerrechtswidrige Siedlungen gebaut. Im Jahre 1991, am Anfang des Friedensprozesses in Madrid, waren damals 92.000 Siedler in den besetzten Gebieten – außer Jerusalem, und im Jahre 2000, vor der zweiten Intifada, waren es schon mehr als 200.000, und jetzt sind es zusammen mit Ost-Jerusalem 450.00 oder 460.000 Siedler. Sie können sich vorstellen, was das bedeutet. Die palästinensische Bevölkerung hat sicher gegen die Korruption und Bestechung der Fatah in den Autonomiegebieten ein Votum abgegeben, aber auch gegen diese Politik von Zugeständnissen, die nirgendwohin führen.

Und das bedeutet überhaupt nicht, dass das palästinensische Volk gegen eine Lösung mit Israel und gegen diese Lösung von „zwei Staaten für zwei Völker" ist. Jetzt wird es noch das eine oder andere Referendum geben, ich weiß es nicht genau, man spricht davon, dass sich jetzt die Fatah für ein Referendum stark machen wird. Das kann man noch ein bisschen abwarten. Aber wichtig ist, dass die Hamas auch pragmatisch ist, und der Boykott gegen die Hamas ist ein Verbrechen, weil man das Volk bestraft für Demokratie, dass das Volk in so einer Weise gewählt hat, so demokratisch, man sagt, die demokratischsten Wahlen in Nahost. Israel und die USA wollen solche Ergebnisse nicht. Aber das ist das Ergebnis der Politik der Frustrierung der Palästinenser, der Unterdrückung, der Politik des Mauerbaus – die Mauer, das ist ein Monstrum; ich werde diese Mauer auch hier zeigen –, und wenn man weiter das Land nimmt, wenn man weiter enteignet, wenn man weiter das Wasser nimmt, das Israel zu 83 % kontrolliert und davon 80 % für sich nimmt, das war klar, dass der Extremismus dann doch gewinnen wird. Und jetzt eine Frage: Warum will man mit der Hamas nicht sprechen? Am Anfang, vor Jahren, hat auch die PLO Israel nicht anerkannt, und was bedeutet diese Anerkennung? Warum soll Israel das Palästina-Volk und die Rechte der Palästinenser nicht anerkennen? Aber okay, wenn das schon so wichtig ist, kann man darüber sprechen, aber man soll anfangen zu verhandeln, und es wird sich danach erweisen, und man kann die Palästinenser auch dazu bringen, dass sie das nolens volens akzeptieren. Das Verhandeln mit Israel, das Sprechen mit Israel bedeutet per se auch Anerkennung.

Und was ist jetzt passiert, dass die ganze Welt nach den Amerikanern und nach Israel angefangen hat, das palästinensische Volk zu boykottieren? Und man soll mir nicht sagen, dass das ein Boykott gegen die Hamas ist. Das ist ein Boykott gegen das palästinensische Volk, und die Situation ist schrecklich. Ich bin jeden

Tag zerrissen. Ich lebe hier, aber ich lebe auch dort – seelisch. Und ich weiß genau, was in Gaza passiert, ich weiß genau, was in den Krankenhäusern passiert, dass dort jetzt Gush-Shalom und israelische Friedenskräfte Geld für Medikamente sammeln. Die palästinensischen Beamten und Angestellten haben schon drei Monate kein Gehalt mehr bekommen. Das bedeutet, dass bei 140.000 Beamten mehr als eine Million Menschen betroffen sind, und sie bekommen in Läden Lebensmittel auf Kredit, aber nur das Wichtigste, das Dringendste. Und Sie wissen, in so einer Situation drängt man die Menschen mehr zum Extremismus und auch zum Chaos. Und das ist es, was Israel will, und dann kommt Olmert nach Amerika und bekommt „standing ovations" im Kongress und im Senat und spricht die ganze Zeit über Frieden. Sie verstehen, „Shalom" und „Frieden", und die Journalisten sagen, so eine schöne und wunderbare Rede wie die von Olmert haben sie schon seit langem nicht gehört. Alles Lug und Trug! Und man spricht nicht davon, dass es eine Besatzung ist, die schon mehr als 39 Jahre dauert. Am 6. Juni ist das 40. Jahr der Besatzung. Darüber handelt mein neues Buch.[2] Und können Sie sich vorstellen, dass so ein Volk unter Besatzung lebt, unter unterdrückerischer und kolonisatorischer Besatzung ... Wenn man das Land beschlagnahmt, ist das eine kolonisatorische Besatzung, nicht nur, dass man da ist, man enteignet die Palästinenser und sieht, dass die Welt schweigt. Und ich versuche schon seit Jahren – ich bin nicht die Einzige, aber ich spreche jetzt über meine Aktivitäten –, das Schweigen der Welt wenigstens hier in Deutschland, in Österreich und der Schweiz zu brechen.

Im Mai 2006 wurde ich nach Israel eingeladen, um für meine Arbeit geehrt zu werden, das war ein wunderschönes Erlebnis, das zweite schöne Erlebnis nach der Mühsam-Preisverleihung im März 2005 in Lübeck, das werde ich auch nicht vergessen. Die Palästinenser sind durstig, Hilfe zu bekommen, Solidarität zu spüren. Und man verschweigt es, weil das bequemer ist, und die EU hat sich total der amerikanischen Linie gebeugt. Unsere Friedenskräfte haben sich an die EU gewandt, eine jüdisch-europäische Stimme für Frieden hat sich auch an EU-Kommissionspräsidenten Barroso gewandt und protestiert, dass man das palästinensische Volk verhungern lässt. „The palastinian crisis is now more dramatic than the Apartheid, but it is the victims who are punished" heißt es im „Guardian"[3]. Die Situation ist schlimmer als während der Apartheid in Südafrika, aber man bestraft nicht den Täter, sondern man bestraft das Opfer. Und wer sagt das? Das sagt Ronnie Kasrils, ein Minister in der Regierung von Südafrika; er war Leiter des Nachrichtendienstes des Militärflügels des ANC. Er hat die Apartheid mit eigenen Augen gesehen.

So ist diese Situation, und ich muss noch etwas über Tötung, über Mord sagen. Jeden Tag, fast jeden Tag tötet man Palästinenser, und man tötet auch palästi-

2  Felicia Langer, Die Entrechtung der Palästinenser. 40 Jahre israelische Besatzung. Lamuv-Verlag.
3  19.5.2006.

nensische Kinder. Haben Sie hier irgendwo etwas darüber gelesen? Es ist keine Fußnote wert! Unglaublich! Und danach kommt ein Anschlag gegen Israelis. Ich bin gegen diese Anschläge, ich verurteile sie aufs Schärfste. Aber wenn man so eine Politik führt, ist das ein Nährboden für Anschläge. Über diese Anschläge gegen Israelis berichtet man in Deutschland etwas, man zeigt die Trauer der Mütter. Unsere Mütter trauern. Palästinensische Mütter trauern nicht ... Amnesty International hat diese Dinge veröffentlicht, aber das Berichtete ist nicht „da". Zum Beispiel der Bericht von Amnesty International über die Menschenrechtsverletzungen nach dem 11. September. Gott sei Dank habe ich auch israelische Quellen, und in Israel zitiert man, was Amnesty International über israelische Menschenrechtsverletzungen spricht. Wo habe ich das gehört? Ich glaube, solche Berichte gibt es in Deutschland überhaupt nicht. Oder irgendwann hat das irgendwer zensiert. Amnesty International verurteilt auch die palästinensischen Organisationen wegen dieser Anschläge, aber sie bezeichnet genau – und das habe ich auf Hebräisch im Internet gesehen – die Menschenrechtsverletzungen Israels. Ich bin von Ihnen als Erich-Mühsam-Preisträgerin eingeladen. Sonst weiß ich nicht, ob Sie irgendwann etwas erfahren hätten, höchstens, wenn Sie sich sehr dafür interessieren und meine Bücher lesen oder andere Bücher vom Piper-Verlag, sonst erfährt man sehr wenig. Die Presse ist terrorisiert, weil diese Antisemitismus-Keule so wirkt, und darauf werde ich noch kommen.

Und ich möchte Ihnen noch etwas über den Abzug der Israelis aus dem Gazastreifen sagen: Israel hat Gaza verlassen, und das hat man medial wunderbar ausgespielt. Die armen Siedler und Siedlerinnen und die Kinder und die Soldatinnen, die weinen, das war eine Soap Opera, das war wunderbar. Aber während dieser Räumung, die keine totale Räumung ist, hat man auch die ganze Zeit die anderen besetzten Gebiete besiedelt, und Mustafa Barghouthi, Präsidentschaftskandidat, hat geschrieben, dass mehr als 16.000 neue Siedler in die Westbank gekommen sind. Ja, hier zeigt man und die Welt sieht, was für ein Friedensengel Sharon ist und Olmert, der plötzlich herkommt und die besetzten Gebiete weiter besiedelt. Überall besiedelt man unter diesem Deckmantel von der Räumung Gazas Jerusalem und Ost-Jerusalem und die Siedlung Ma'ale Adummim, um sie zu vereinigen, um ein Groß-Jerusalem zu schaffen. Das habe ich schon damals dem Korrespondenten von der „jungen Welt" gesagt nach der Verleihung des Mühsam-Preises im März 2005. Ich habe ihm gesagt, Sie werden sehen, was sein wird, weil das nur ein Deckmantel ist. Israel ist mit Fernbedienung überall, auch mit Bomben. So ist das doch keine Unabhängigkeit, das ist doch klar. Man wollte doch schon immer Gaza loswerden. Es war immer eine Last. Sogar Rabin hat einmal gesagt, der gute Rabin – für mich war er nicht so gut und für die Palästinenser auch nicht: „Ich träume: Soll Gaza im Meer untergehen!" Das war ein Traum des Friedensnobelpreisträgers während des Osloabkommens ... Ich bin so glücklich, dass ich den Alternativen Nobelpreis bekommen habe, dass ich gar nichts mit Peres oder mit Rabin oder mit anderen zu tun habe und auch nicht

mit Kissinger. So ist man Gaza „losgeworden", aber wie hat man Gaza zurück-
gelassen: Man beherrscht Gaza mit Wasser, mit Elektrizität, mit Benzin, mit allem. Das ist sehr wichtig, und das schreibe ich auch in meinem neuen Buch.
Wer erzählt, dass wir keine Friedenskräfte haben? Ich habe jetzt keine Zeit, das
alles zu referieren. Aber wir haben Friedenskräfte, und wir sind stolz auf diese
Friedenskräfte. Das sind keine großen, keine mächtigen oder massiven, aber sie
sind da. So eine ist Amira Hass, eine Korrespondentin von Ha'aretz, die aus den
besetzten Gebieten berichtet. Sie schreibt am 22.9.2005: „Talent zum Zerstö-
ren." Sie schreibt über Gaza:

> Eine Fahrt auf den Straßen des Gazastreifens, die jahrelang für Palästinenser ge-
> sperrt waren, zeigt die volle Dimension der Zerstörung, die Israel hinterlassen hat.
> Tausend Worte und tausend Bilder können diese nicht beschreiben. Nicht weil die
> Worte und Fotos zu schwach sind, sondern wegen der Unfähigkeit der meisten Is-
> raelis, das Ausmaß zu sehen und zu begreifen, wie die Armee des israelischen
> Volkes Weingärten, Haine, Obstgärten und Felder in eine Wüste verwandelt hat,
> wie das grüne Land nun gelb und grau ist, der Sand überhand genommen hat, das
> Land offen daliegt, voller Dornen und Unkraut. Um die Sicherheit der im letzten
> Moment evakuierten Siedler zu gewähren, verbrachte die IDF fünf Jahre mit der
> Zerstörung der grünen Lunge des Gazastreifens, zerstörte die schönsten Gegenden
> und schnitt Zehntausende Familien von ihrem Lebensunterhalt ab. Das israelische
> Talent, die von uns verursachte enorme Zerstörung im Gazastreifen zu ignorieren,
> führt zu falschen politischen Verurteilungen.

Hier schreibt sie etwas, was ich auch in den palästinensischen Gebieten gesehen
habe. Ich habe leider nur eine Genehmigung für Ramallah bekommen. Für Ost-
Jerusalem muss man keine Genehmigung haben, aber was ich gesehen habe, war
genug. Was sagt Amira Hass: „Die Palästinenser werden nicht aufgeben." Sie
verstehen. Das ist das Wichtigste. Sie werden nicht aufgeben, trotz allem, was
passiert. Das heißt, man zerstört, und man baut die Mauer tief in den palästinensischen Gebieten, und man zerstört Plantagen, und man entwurzelt die Oliven-
bäume, alles was man machen kann. Die Palästinenser aber geben nicht auf und
werden nicht aufgeben. Das ist eine bewundernswerte Qualität von Menschen,
die so viel leiden. So viele Jahre schon leiden. Ich kenne die ersten Momente
dieses Leidens, deshalb habe ich damals angefangen, Palästinenser zu verteidigen, weil ich das Leid dort 1967 gesehen habe. Sie haben sich unsere Solidarität
verdient. Unsere Solidarität und nicht unser Schweigen.

Ich werde jetzt nicht über die Terrorakte der Besatzer sprechen, diese Terrorakte
sind diese so genannten gezielten Tötungen. Sie wissen, das ist doch Staatsterror, genau das, was Möllemann gesagt und dafür mit dem Leben bezahlt hat.
Aber diese Politik geht weiter, und unter dem „Defense-Minister", das heißt
Verteidigungsminister – bei uns ist alles Verteidigung –, Amir Peretz von der
Arbeiterpartei, macht man jetzt leider das Gleiche. Und er preist es, und das ist
eine Antwort für diejenigen, die sagen, was für eine wunderbare Erscheinung

Amir Peretz ist. Eine Schande! Bis jetzt. Es kann sein, dass er sich ändern wird. Aber bis jetzt, diese eine Woche oder zwei Wochen als Defense-Minister, als Verteidigungsminister hat er gezeigt, dass er der Gleiche ist, so wie die andern, und ich habe jetzt verschiedene Aussagen gelesen, und eine Aussage aus Israel ist, dass er auch seinen Platz in der Reihe von Kriegsverbrechern einnehmen wird.[4]

Und jetzt die Mauer (siehe Abbildung). Die Mauer, tief in dem palästinensischen Gebiet, ist schon jetzt weitgehend vollendet. Aber ich möchte Ihnen noch ein bisschen über die Mauer sagen. Viele wissen auch etwas über die Mauer, dass sie fast 800 km lang wird, das heißt mehr als zweimal so lang wie die grüne Linie. Aber die Mauer ist tief im palästinensischen Gebiet, 80 oder 90 % der Mauer sind auf palästinensischem Gebiet. Man enteignet Land, das ist eine vollendete Tatsache, um die Grenze zu ziehen, und man schneidet die Palästinenser von Wasserquellen ab, von Feldern, von Hospitälern, von Schulen – grauenhaft überhaupt! Und es gibt ein Gutachten, das ist schon bindend, weil die Generalversammlung der UNO das gebilligt hat, dass die Mauer völkerrechtswidrig ist. Das ist ein Verstoß gegen die Menschenrechte der Palästinenser, gegen das Selbstbestimmungsrecht der Palästinenser. Und was ist bis jetzt passiert? Gar nichts! Weil das Veto der Amerikaner so mächtig ist und die Europäer schweigen. Und jetzt schreiben sie hier zu der Abbildung, das ist in Abu Dis: „Franziskaner-Nonnen besichtigen die Mauer bei Abu Dis, wo einst Jesus den todkranken Lazarus heilte." Aber das war noch ein Paradies, weil das alles noch nicht vollendet war. Jetzt ist alles vollendet.

Nun zu Bethlehem, die Stadt von Jesus. Wo ist die christliche Welt? Warum protestiert die christliche Welt nicht gegen diesen Unsinn von Bethlehem? Ich habe dieses Mal keine Genehmigung für Bethlehem bekommen. Im letzten Moment habe ich nur eine Genehmigung für Ramallah bekommen. So konnte ich Bethlehem nicht sehen. Man hat mir gesagt, Felicia, du wirst Bethlehem nicht erkennen, weil das jetzt ein Gefängnis ist. Die israelische Behörden, der General, der ist verantwortlich für die besetzten Gebiete, und der hat mir eine Genehmigung für Ramallah gegeben, nur für Ramallah – im letzten Moment, damit man in Ramallah keine Veranstaltung macht, und so hat man leider keine gemacht. Und ich habe die Schule Thalita Kumit in Beit-Jala besucht; dorthin kann man ohne Genehmigung kommen. Und meine Mandanten und ehemalige Mandanten sind dorthin gekommen, um mich zu treffen, aber Bethlehem habe ich nicht gesehen. Und hier schreiben sie, dass allein bei Bethlehem 18 ha palästinensisches Land ummauert werden. Bethlehem, Geburtsort Jesu, wird zu einem 20 km² großen Käfig.

---

4 Im Weiteren hat Felicia Langer anhand von Folien die Situation in Nahost erklärt. Dieser Teil des Referats entfällt hier. Lediglich die beiden hier abgedruckten Bilder werden näher beschrieben.

Nonnen vor der israelischen Mauer

Und das ist kein Thema, obwohl die Mauer völkerrechtswidrig ist, ein Verstoß gegen das Völkerrecht, und wissen Sie, in Den Haag, in dem höchsten Gerichtshof der UNO, waren 15 Richter, und 14 waren dafür, für das Verbot der Mauer, und einer war dagegen, das war der amerikanische Richter, und auch der amerikanische Richter war so ein bisschen wackelig, aber na ja, so eine Empfehlung hat er bekommen. Aber was ist danach passiert? Und das zeigt, was für ein Feigling Deutschland auf diesem Gebiet ist. Danach hat die Generalversammlung über die Mauer und über das Gutachten verhandelt. Leider konnte man das nicht im Weltsicherheitsrat machen, weil man weiß, dass dort das amerikanische Veto ist. Die große Mehrheit der Staaten hat das Gutachten gebilligt. Deutschland hat sich der Stimme enthalten und warum? Der deutsche Richter in Den Haag hat doch dafür gestimmt; aber im Weltsicherheitsrat war er vorsichtig, und diese Vorsicht ist ein Gift auch für das israelische Volk, denn diese Besatzung tötet uns auch.

Ein Bild (siehe Abbildung) zeigt die Verrohung und wie man die Seele verliert. Das ist ein Bild aus der TAZ aus Deutschland, man sieht dort Models an der Mauer, das heißt, sie posieren an der Mauer. Und ich habe das nicht begriffen und habe nachgeforscht, und ja, sie haben Modeschauen dort gemacht. Wissen Sie, wie tief muss man fallen, und deshalb, wie tragisch ist diese Besatzung nicht nur für die Besetzten, sondern auch für die Besatzer! Wehe den Siegern!

Nun am Ende möchte ich etwas vorlesen. Das Fazit ist klar: Druck auf Israel ausüben. Solidarität gegen diese Apartheid. Gegen Umgehungsstraßen nur für Juden und gegen die Verletzung der Menschenrechte der Palästinenser in Israel und Palästina. Das wird den Weg zum Frieden pflastern, und das wird auch eine Unterstützung der Friedenskräfte in Israel sein, und die Friedenskräfte wünschen sich das. Und wenn man über Boykott spricht, Boykott gegen Israel, aber nicht gegen die Opfer. Sicher gibt es in Deutschland Probleme. Ich habe über diese Probleme der Deutschen vieles geschrieben und gesprochen schon seit 15, fast 16 Jahren, ab 1990, auch mit Erfolg, und ich möchte Ihnen am Ende etwas vorlesen, was ich seit Jahren schon gesagt habe, das ist meine Pflichtlektüre. Es steht in „Brücke der Träume"[5]:

---

5  Felicia Langer, Brücke der Träume. Lamuv-Verlag.

Models posieren für Modefotos an der Trennmauer zwischen Jerusalem und Westjordanland, 17. Januar 2004   FOTO LIOR MIZRAHI/BAUBAU

Models posieren an der Trennmauer zwischen
Jerusalem und Westjordanland, 17.1.2004

Zu guter Letzt kam die Frage aller Fragen, die bei jeder Veranstaltung gestellt wird: Wie können wir, die Deutschen, mit unserer Vergangenheit und unserer Schuld den Juden gegenüber es wagen, Israels Taten zu kritisieren?

In der Tat sind die Deutschen gerade wegen ihrer Vergangenheit dazu verpflichtet, sich überall dort einzumischen, wo Menschenrechte verletzt werden. Sie haben schon einmal geschwiegen, wenn auch in einer anderen Zeit und unter anderen Umständen. Das Schweigen angesichts von Unrecht hat vor allem dann, wenn es den Opfern helfen könnte, die Stimme zu heben, einen Beigeschmack von Mittäterschaft.

Wir, die Israelis, die Juden, können keinerlei Recht beanspruchen, als Opfer von gestern Täter von heute zu sein. Das Testament unserer Toten, der Toten des Holocaust, macht eine klare Aussage. Wir haben auch kein Recht, die Schuldgefühle der Deutschen zu funktionalisieren, so wie Israel das tut, und sie, was unsere Taten angeht, zum Schweigen zu verurteilen, damit wir ungestört, jeder Einmischung und Kritik entzogen, die Palästinenser unterdrücken können. Wer behauptet, dass man die Menschrechtsverletzungen Israels, die dem Völkerrecht zuwiderlaufen, nicht anprangern dürfe – also etwas nicht tun dürfe, was die Menschenrechtsorganisationen in Israel und in der Welt schon seit Jahren tun –, weil das Antisemitismus sei, wer das behauptet, der lügt wissentlich, frech und erpresserisch, um die Stimmen der Kritik zum Schweigen zu bringen.

Substanzlose Anschuldigungen wie diese müssen mit allem Nachdruck zurückgewiesen werden, ebenso die Einschüchterung, eine Kritik an Israels Verhalten könnte den Applaus der falschen Seite herbeiführen. Die Deutschen müssen ihre Verpflichtung, die aufgrund ihrer Vergangenheit im Vergleich mit anderen Völkern doppelt und dreifach wiegt, ganz entschieden wahrnehmen und gegen jedes Anzeichen von Rassismus, Menschenrechtsverletzungen, Antisemitismus oder Fremdenhass, in welcher Form auch immer, ankämpfen. Darin ist auch eine äußerst klare Botschaft an jene „falsche Seite" enthalten.

Wir Israelis und Juden haben auch kein Recht, die Deutschen wegen ihrer Vergangenheit über Generationen hinweg für untauglich zu erklären, ihren Standpunkt in Fragen der Moral zu äußern, oder aber sie kollektiv eines quasi angeborenen Antisemitismus zu bezichtigen. Das ist Rassismus, und dieser bleibt hässlich wie jede andere Form von Rassismus, auch wenn seine Vertreter die Opfer von gestern sind.

Die besten unserer Töchter und Söhne in Israel und außerhalb verurteilen die Unterdrückung und wenden sich an die Gemeinschaft der Welt, inklusive der Deutschen, ihre Solidarität mit den Opfern auszudrücken. Freundschaft mit Israel, ja, aber eine kritische Freundschaft, anderenfalls ist sie reiner Betrug. Solidarität ist die schönste Blume der Menschheit, sagten die Frauen Guatemalas – und ich ebenso.

Inga Morgenstern

# Danach ist das Leben ein anderes.

*Das Thema „Folter" im Zusammenhang mit dem „Kampf gegen Terrorismus*

Die internationale Ächtung von Folter und anderer grausamer und unmenschlicher Behandlung wurde im Zusammenhang mit dem „Krieg gegen den Terror" in vielen Staaten in Frage gestellt. Nach dem Ende des Zweiten Weltkriegs hatte sich international ein Konsens herauskristallisiert, der schließlich zum uneingeschränkten Verbot von Folter und Misshandlung führte. Dieser Konsens ist jetzt in Gefahr.

Die US-Regierung gehört zu den entschiedensten Verfechtern der Lockerung des Folterverbots und argumentiert, die Welt habe sich seit dem 11. September 2001 so grundlegend geändert, dass man sich nicht mehr an frühere Regelungen halten wolle. Außerdem sei zu differenzieren zwischen unzulässiger „Folter" einerseits und unter Umständen zulässiger „anderer grausamer, unmenschlicher oder erniedrigender Behandlung". Doch auch letztere ist völkerrechtlich eindeutig verboten. Mit ihrer Haltung ermutigt die US-Regierung die Regierungen anderer Staaten, die routinemäßig foltern, zu weiteren unannehmbaren Praktiken.

Aufgedeckte Übergriffe z. B. in Abu Ghraib haben bislang nur wenige Strafverfolgungsmaßnahmen wegen Folter oder anderer Kriegsverbrechen nach sich gezogen. Natürlich trifft jede Regierung die Pflicht, ihre Bevölkerung durch geeignete Maßnahmen vor Anschlägen zu schützen. Dies darf jedoch auf keinen Fall unter Verletzung der Menschenrechte geschehen. Das Verbot von Folter und Misshandlung gilt uneingeschränkt und unter allen Umständen. Terroristen wie Folterer nutzen das Mittel der Angst, um ihre Ziele zu erreichen, und stellen damit die Grundlage der Menschenwürde und des menschlichen Anstands in Frage. Deshalb müssen Folter sowie Terrorismus vorbehaltlos abgelehnt werden. Ohne jede Ausnahme.

Manche Regierungen sind von einer Kriegsmentalität erfasst, legen dabei aber sowohl das Kriegsrecht, insbesondere die Genfer Konventionen, als auch grundlegende Menschenrechte ad acta. Damit gefährden sie das Prinzip der Rechtsstaatlichkeit, das internationale System zum Schutz der Menschenrechte und den Erfolg aller Bemühungen, Folterer zur Verantwortung zu ziehen.

Die Menschen, die in Afghanistan im Jahr 2002 festgenommen wurden, wurden bislang von den USA nicht als Kriegsgefangene behandelt. Die Behandlung als Kriegsgefangene beinhaltet das Zugestehen von Rechten aus den Genfer Konventionen. Die USA verstehen den Begriff „Folter" so eng, dass eine Reihe von

Misshandlungsmethoden offiziell genehmigt wurden: Langandauerndes Verharren in Stresspositionen, Isolierung, sensorische Deprivation, Bedrohung durch Hunde, über den Kopf gestülpte Kapuzen, erzwungene Nacktheit, Aufenthalt in extremer Hitze oder Kälte, Schlafentzug und Drohungen.

Folgen dieser Behandlung sind unter anderem Angstzustände, Depressionen, Gereiztheit, Scham- und Erniedrigungsgefühle, Gedächtnisschwäche, beeinträchtigte Konzentrationsfähigkeit, Kopfschmerzen, Schlafstörungen und Alpträume, heftige Gefühlsschwankungen, körperliche Beeinträchtigungen wie Magenschmerzen oder Atem- und Herzbeschwerden, sexuelle Störungen, Amnesie, Selbstverstümmelungs- und Selbstmordabsichten, soziale Isolierung. Alle diese Symptome wurden bei Inhaftierten der US-Haftzentren in Afghanistan, im Irak und in Guantánamo Bay beobachtet.

Noch heute dürften sich noch mehr als 10.000 Menschen in Lagern und Gefängnissen in den USA, auf Kuba, im Irak und in Afghanistan unter US-amerikanischer Verantwortung befinden. Berichten zufolge werden außerdem weitere Personen an geheim gehaltenen Orten festgehalten. Hierbei sucht die US-Regierung sich Kontrolle und Kritik möglichst zu entziehen.

**Welche Möglichkeiten bietet das Völkerrecht, um Folter von vornherein zu verhindern bzw. zu ächten?**

Die Versuche, die Menschenrechtsprobleme im Zusammenhang mit dem „Krieg gegen den Terror" bei den Vereinten Nationen zur Sprache zu bringen, trafen bei verschiedenen Staaten auf Widerstand. Die Vereinten Nationen hätten durch eine Resolution des Sicherheitsrates festlegen können, inwieweit die Truppen im Irak auf den Menschenrechten und dem humanitären Völkerrecht verpflichtet sind – wenn die USA und Großbritannien dies nicht blockiert hätten.

Unter menschenrechtlichen Gesichtspunkten problematisch verhalten sich jedoch nicht nur die Regierungen der USA und Großbritanniens, sondern auch eine Reihe von anderen Regierungen. Ein Bericht des UN-Sonderberichterstatters über Folter vom Februar 2004 kam zu dem Schluss, dass die Foltervorwürfe im Rahmen von Anti-Terror-Maßnahmen keineswegs nur erfunden seien und es sich offensichtlich um ein „mehr als sporadisches Problem" handele. Die Regierung Spaniens wies diesen Bericht als „inakzeptabel" zurück.

Folter und Misshandlung werden völkerrechtlich durch die UN-Anti-Folter-Konvention geächtet. Dabei handelt es sich um ein verbindliches völkerrechtliches Instrument zum Schutz vor Folter und Misshandlung. Dass sich die Unterzeichnerstaaten jedoch an die Anti-Folter-Konvention auch halten, ist allein mit der Ratifikation noch nicht gewährleistet. Um die tatsächliche Umsetzung sicherzustellen, bedarf es eines Überwachungsmechanismus. Dieses Instrument ist in einem Zusatzprotokoll zur Anti-Folter-Konvention verankert, das wiederum von den Staaten ratifiziert werden muss. Vorgesehen ist ein zentraler UN-Ausschuss sowie jeweils nationale unabhängige Gremien, die ermächtigt sind, Orte möglicher Misshandlungen unangemeldet zu besuchen. Neben dem Besuchsrecht sind die Gremien befugt, gegenüber den zuständigen Behörden Empfehlungen auszusprechen und Vorschläge für die Gesetzgebung zu machen.

Obwohl sich Deutschland zunächst sehr für die Entwicklung dieses Zusatzprotokolls eingesetzt hat, ist die Ratifikation desselben bis heute noch nicht „unter Dach und Fach". Die Ratifikation erfordert die Zustimmung durch die Bundesländer. Insbesondere den Länder Niedersachsen, Sachsen und Sachsen-Anhalt erschien ein Überwachungsmechanismus zur Anti-Folter-Konvention nicht notwendig, da schon ausreichend Überwachung in deutschen Gefängnissen vorhanden sei. Zumindest sei die Umsetzung einer Überwachung zu teuer. Außerdem komme eine unangekündigte Überwachung ohnehin nicht in Frage.

Inzwischen ist jedoch Bewegung in die lange Zeit stillstehende Diskussion gekommen: Die drei Bundesländer sind laut Zeitungsmeldungen bereit, die Ratifikation mitzutragen, wenn die mit der Umsetzung verbundenen Kosten eine bestimmte Grenze nicht übersteigen. Es steht zu hoffen, dass Deutschland den Widerstand gegen das Zusatzprotokoll nunmehr aufgeben wird. Leider ist zu befürchten, dass die Ausstattung des nationalen Gremiums unzureichend sein wird. Die Diskussion geht dahin, lediglich eine oder zwei hauptamtliche Stellen zu schaffen und ergänzend ehrenamtliche Stellen zu vergeben, da als „magische Zahl" die Kosten des Gremiums 200.000 € im Jahr nicht überschreiten sollen.

Das Zusatzprotokoll selbst ist am 22.06.2006 in Kraft getreten. Voraussetzung hierfür war, dass 20 Staaten es ratifiziert haben – Deutschland hat es verpasst, zu den ersten 20 zu gehören.

In der deutschen Debatte wird häufig übersehen, dass es bereits ein Vorbild gibt: Auch der Europarat verfügt über komplexe Mechanismen zur Verhinderung von Folter. Ein Beispiel ist ein internationales Expertenkomitee, das in den Mitgliedsstaaten des Europarates überwachende Besuche durchführt. Im Dezember 2005 besuchte das Expertenkomitee Deutschland und kontrollierte verschiedene Hafteinrichtungen in verschiedenen Bundesländern. Auch Pflegeheime und psychiatrische Einrichtungen können von dem Expertenkomitee inspiziert werden. Das Komitee teilt erst möglichst kurzfristig mit, welche Einrichtungen besucht werden sollen, um die Effektivität der Überwachung nicht zu gefährden. Es ist sehr wichtig, dass Überwachung von Einrichtungen vor dem Hintergrund von Verhinderung von Folter nicht angekündigt werden. Der Bericht des Expertenkomitees über ihre Untersuchungsergebnisse hinsichtlich Deutschland steht noch aus.

Neu und revolutionär wäre ein Überwachungsmechanismus also auch für Deutschland nicht. Die Ratifikation des Zusatzprotokolls hätte aber zwei wichtige Folgen: Deutschland würde sich international klar und deutlich gegen jede Art von Folter aussprechen – und der Überprüfungsmechanismus in Deutschland selbst würde dichter und also effektiver werden.

**Aber gibt es keine Mechanismen unterhalb des Völkerrechts zu Verhinderung von Folter in Hafteinrichtungen der USA? Wie verhalten sich eigentlich die nationalen Gerichte?**

Hinsichtlich der auf Guantánamo Bay inhaftierten Menschen ist inzwischen durch den Obersten US-Gerichtshof geklärt, dass sie der Rechtsprechung der amerikanischen Gerichte unterstehen – was wegen „Exterritorialität" von Folterbefürwortern bezweifelt wurde. Trotzdem hat bis Juni 2005 bei keinem der einsitzenden 500 Menschen eine gerichtliche Haftprüfung stattgefunden. Die US-Regierung bemüht sich nach wie vor, solche Überprüfungen so lange wie möglich zu verhindern. Juristische Unterstützung oder Zugang zu den im Verfahren verwendeten geheimen Beweisen wird den Inhaftierten nicht gewährt, obwohl Informationen, die unter Folterung oder Misshandlung erlangt wurden, als Beweise gegen die Inhaftierten sogar verwendet werden können.

Entscheidend in der Prüfung der Rechtmäßigkeit von Maßnahmen in US-amerikanischen Gefangenenlagern wird dort die Frage gesehen, ob es sich bei den Inhaftierten um „Kriegsgefangene" oder „feindliche Kämpfer" handelt. Kriegsgefangenen sind unstreitig die Rechte des humanitären Völkerrechts zu gewähren. Den Begriff „feindlicher Kämpfer" gibt es als international anerkannten Rechtsbegriff nicht. Es handelt sich um eine Begriffsschöpfung der Regierung, um die Rechte des humanitären Völkerrechts nicht gewährleisten zu müssen.

Zur Prüfung, ob Gefangene Kriegsgefangene oder „feindliche Kämpfer" sind, wurde ein aus drei Offizieren bestehender Untersuchungsausschuss eingesetzt, der zu dem Ergebnis kam, dass 93 % der 558 untersuchten Fälle „feindliche Kämpfer" seien. Ein US-Gericht befand am 31.01.2005 die Praxis des Untersuchungsausschuss für verfassungswidrig, allerdings wurde die Berufung der US-Regierung gegen dieses Urteil zugelassen.

Die US-Regierung hat wegen der erheblichen Kritik an ihren Hafteinrichtungen mehrere Untersuchungen und Überprüfungen angeordnet. Alle diese Untersuchungen waren – sofern sie überhaupt der Öffentlichkeit zugänglich gemacht wurden – nicht unabhängig und umfassend genug, um wirklich alle Strukturen und alle Aktivitäten der Sicherheitskräfte und des Regierungsapparates auf allen Ebenen abzudecken.

**Unabhängig von der Situation in einzelnen Staaten – was spricht generell gegen die Argumente von Folterbefürwortern? Schließlich vertreten auch in Deutschland manche Menschen ganz offen die Meinung, dass der Einsatz von Folter zulässig sei.**

„Man kann Folter in Maßen für eine kleine Zahl von Fällen in ganz bestimmten Situationen erlauben." – Wer dies glaubt, übersieht, dass Folter praktisch niemals nur auf „ein einziges Mal" begrenzt ist. Die Erfahrungen über Jahrhunderte hinweg mit verschiedenen Ländern und Regierungssystemen zeigen: Die Intensität von angewendeten Maßnahmen nimmt in der Regel zu – wenn ein Schlag nichts bewirkt, bewirken vielleicht zwei Schläge etwas. Diejenigen, denen die Macht über andere Menschen eingeräumt wird, die Gewalt über Gefangene haben und ihnen Schmerzen zufügen dürfen, werden bis zu einem Punkt brutalisiert, an dem sie ihre Machtbefugnisse zur Befriedigung eigener sadistischer Züge oder als Rache für Freunde oder Kollegen missbrauchen, die im Kampf ihr Leben gelassen haben.

Die israelische Regierung hat „maßvollen körperlichen Zwang" mit Kontrollmechanismen zur Begrenzung seines Einsatzes für rechtens erklärt. Wie nicht anders zu erwarten war, wurden daraufhin Tausende von Palästinensern gefoltert, die wegen Delikten wie Steinewerfen festgenommen worden waren. Folter wurde Routine. Die Regierung musste die Leitlinien 1999 wieder abschaffen. Wenn die Tür zu Folter und Misshandlung einmal aufgestoßen ist, kann man derartige Praktiken nicht mehr kontrollieren.

„Folter ist gerechtfertigt, wenn das Leben einer Vielzahl von Unschuldigen auf dem Spiel steht" – dieses häufig zitierte Szenario der „tickenden Zeitbombe" basiert allerdings auf einer hypothetischen Situation. Der Folterer müsste sicher wissen, dass 1. tatsächlich eine Bombe existiert, 2. dass diese ohne rechtzeitige Entschärfung sicher explodiert, 3. dass der Betroffene wirklich weiß, wo sich die Bombe befindet, 4. dass die Bombenleger ihren Plan nicht doch noch geändert haben, 5. dass der Inhaftierte tatsächlich reden wird, 6. dass die Aussage dann auch der Wahrheit entsprechen wird, 7. dass die Aussage überhaupt noch zum rechtzeitigen Auffinden der Bombe führen wird und 8. dass kein anderer Weg zum Auffinden gegeben ist. Ein solches Szenario mag es in Kinofilmen geben, wo die Kamera als objektive Beobachterin überall gleichzeitig sein kann. In der Realität kann ein solch unwahrscheinliches Szenario nicht als Grundlage dafür dienen, dass eine Staatsgewalt ihren Bediensteten den Einsatz von Folter erlaubt bzw. sie dazu sogar verpflichtet.

„Beim Einsatz für das Gemeinwohl, die Freiheit, die nationale Sicherheit oder die religiösen Ideale heiligt der Zweck das Mittel." – Wer so argumentiert, verkennt, dass wir unsere Ideale nicht mit Mitteln verteidigen können, die unseren Idealen zuwider laufen. Insbesondere im Hinblick auf die Sicherheit von Menschen – sei es vor Selbstmordattentätern oder vor der Staatsmacht selbst – besteht der beste Schutz darin, jedem einzelnen Menschen grundlegende Rechte zuzugestehen, die ihm niemand entziehen kann. Menschenrechte basieren auf grundlegenden Werten, die Tabuzonen schaffen. Es gibt Dinge, die kein Mensch dem anderen antun darf, egal wie scheußlich die Verbrechen des Betreffenden oder wie extrem die Umstände auch sein mögen.

„Der Einsatz von Folter ist ein geringeres Übel als das Ertragen der barbarischen Mittel des bösen Feindes." – Aber die Welt lässt sich nicht einfach in „gut" und „böse" aufteilen. Wer sich selbst als „gut" einordnet und den anderen als „böse", versucht den anderen zu „entmenschlichen". So lassen sich andere auch viel leichter davon überzeugen, dass der Einsatz von Folter gegen „das Böse" zulässig ist, zumal Folter dann nur die „anderen" betrifft und nicht einen selbst.

„Wie würden Sie sich fühlen, wenn es um das Leben Ihres Kindes ginge?" – Menschenrechtsverteidigern wird zuweilen vorgeworfen, sie würden die Nöte der Opfer terroristischer Angriffe ignorieren. Was man in einem solchen Augenblick voller Panik und Verzweiflung tatsächlich tun würde, lässt sich nur schwer vorhersagen. Wie man jedoch tatsächlich handelt, wird eher ein Anzeichen für das Ausmaß der subjektiven Verzweiflung sein als eine Richtlinie unseres moralischen Verhaltens. Selbst wenn wir Gräueltaten zur Rettung unserer Liebsten begehen würden, würden es Gräueltaten bleiben. Gesetze und Maßnahmen von Regierungen müssen jedenfalls an dem Grundgedanken orientiert sein, die Menschenrechte des Einzelnen zu schützen.

„Mit Folter kann man Menschen geheime Informationen entlocken." – Dieses Argument ist falsch, denn unter dem Einfluss von Folter redet nur ein Teil der Betroffenen. Von denen, die reden, werden viele alles Mögliche sagen – die Wahrheit, Lügen oder Halbwahrheiten – nur damit die Qualen aufhören.

Menschenrechte und Sicherheit sind keine widersprüchlichen Konzepte. Das eine geht nicht ohne das andere. Das Recht auf Schutz vor Folter und grausamer, erniedrigender und unmenschlicher Behandlung ist das Kernstück einer sicheren Gesellschaft. Terror darf nicht mit Terror bekämpft werden.

Menschenrechte sind kein Luxus für gute Zeiten. Sie müssen immer gelten, auch in Zeiten von Unsicherheit und Gefahr. Menschenrechte zu respektieren, ist kein Hindernis auf dem Weg zur Sicherheit, sondern der einzige Weg.

Amnesty international fordert alle Regierungen nachdrücklich auf, Folter und Misshandlung zu verurteilen und zu verbieten, alle entsprechenden Anschuldigungen zu untersuchen und alle Bedienstete staatlicher Organe strafrechtlich zu verfolgen, die Folterungen und Misshandlungen begangen, geduldet oder gebilligt haben.

Amnesty international hat eine Kampagne gestartet, um den Einsatz von Folter und anderer grausamer, unmenschlicher oder erniedrigender Behandlung im

„Krieg gegen den Terror" zu stoppen. Die Vereinigten Staaten, die im Zuge dieses „Krieges gegen den Terror" eine führende Rolle beim Angriff auf Menschenrechtsstandards spielen, werden aufgefordert, ein Zeichen zu setzen und die Achtung der Menschenrechte zu gewährleisten. Alle Regierungen – und alle Menschen – müssen ihren Teil dazu beitragen.

## Folter bewirkt

- dass wehrlosen Menschen unerträgliche Schmerzen zugefügt werden
- dass ihr Wille gebrochen und ihre Persönlichkeit zerstört wird
- dass Opfer und Täter brutalisiert werden
- dass das Opfer sagt, was der Täter hören will
- dass Bevölkerungsgruppen gegeneinander aufgebracht werden, bis Hass und Terror zwischen ihnen entsteht, bis die Brutalität alltäglich und der Terrorismus weiter gestärkt wird
- dass durch die Entmenschlichung bestimmter Gruppen von Menschen die Gräben in der Gesellschaft vertieft werden und moralische Maßstäbe verloren gehen

## Folter bewirkt nicht

- dass der Terrorismus gestoppt und unser Leben sicherer wird
- dass die Wahrheit ans Licht kommt

## Werden Sie aktiv!

- Verurteilen Sie den Einsatz von Folter und anderer grausamer, unmenschlicher oder erniedrigender Behandlung in jeder Situation.
- Widersprechen Sie dem Argument, durch Folter könne Ihre Sicherheit geschützt werden. Folter schützt nicht vor Terror. Folter ist Terror.
- Widerlegen Sie alle Versuche von Politikern, Angehörigen staatlicher Stellen oder anderen Personen, Folter und Misshandlung zu rechtfertigen.
- Beziehen Sie Stellung gegen Folter und Misshandlung – sprechen Sie mit ihren Freunden, Verwandten, Kollegen, kontaktieren Sie die Medien an Ihrem Wohnort.
- Fordern Sie von Ihrer Regierung, den Einsatz von Folter und Misshandlung zu verhindern und die internationalen Menschenrechtsstandards einzuhalten, die diese Praktiken verbieten.
- Unterstützen Sie amnesty international und andere Organisationen, die sich gegen Folter und Misshandlung engagieren.

Rudi Friedrich

# Funktion und Wirkung der Abschiebehaft am Beispiel asylsuchender Kriegsdienstverweigerer

*„Wir sitzen hier, weil man uns nicht glaubt, dass uns in der Heimat Gefängnis droht."*

Connection e.V. arbeitet auf internationaler Ebene zur Unterstützung von Kriegsdienstverweigerern und Deserteuren aus Kriegsgebieten. Wir treten für diejenigen ein, die sich auf welcher Seite auch immer, gegen die Teilnahme an einem Krieg entscheiden, sehr individuell, mit unterschiedlichsten Motiven.

In ihren Herkunftsländern sehen sich viele Männer, zum Teil auch Frauen, der Zwangsrekrutierung und Wehrpflicht ausgesetzt – oder sie entscheiden sich aufgrund der Erfahrungen im Militär und Krieg für die Desertion. Sie hauen ab, nehmen sozusagen die Füße in die Hand. Ihnen droht die erneute Rekrutierung, der Einsatz an der Front, Folter, langjährige Haft oder gar die Todesstrafe. Deshalb gab und gibt es Tausende, die nur eine Chance sehen: zu fliehen und Schutz in anderen Ländern zu suchen.

Trotz der drohenden Verfolgung in ihren Herkunftsländern erhalten Kriegsdienstverweigerer in Deutschland, wie auch in der Europäischen Union, kein Asyl. Ihre Verfolgung wird nicht als politische Verfolgung anerkannt. Deutsche Behörden billigen anderen Staaten das Recht zu, Männer und Frauen zu verfolgen, die sich der Ableistung des Militärdienstes widersetzen. Das ist kein Wunder: Auch die deutsche Regierung hält an der militärischen Verfügung über ihre Staatsbürger fest, z. B. über die Wehrpflicht oder die Notstandsgesetze. So droht verfolgten Kriegsdienstverweigerern anderer Länder die Abschiebung und Auslieferung an die Kriegsherren als „Kanonenfutter". Um dies in letzter Instanz durchzusetzen, gibt es seit über zehn Jahren die sogenannte Abschiebehaft. Auch in Offenbach haben wir eine derartige Haftanstalt. Es ist das ehemalige Gefängnis.

Ein Beispiel: Der aus der Türkei stammende Sedat Baydemir war 1996 nach Deutschland geflohen, um nicht Dorfschützer werden zu müssen. Sein Asylbegehren wurde 2001 rechtskräftig abgelehnt. Nachdem er Kontakt zu einer selbstorganisierten Gruppe von Kriegsdienstverweigerern aus der Türkei erhalten hatte, verweigerte er öffentlich vor dem türkischen Konsulat in Frankfurt und stellte einen erneuten Asylantrag. Das Bundesamt für die Anerkennung ausländischer Flüchtlinge lehnte sein Asylbegehren erneut ab. Die Ausländerbehörde Gelnhausen versuchte daraufhin, ihn abzuschieben.[1] Das konnte Sedat Baydemir nur verhindern, weil er kurz vor der Abschiebung einen Schlüssel verschluckte. Er wurde darauf hin in Abschiebehaft genommen und saß in der Haftanstalt in Hanau ein. Gemeinsam mit anderen Gruppen und Organisationen stellten wir einen Petitionsantrag an den Petitionsausschuss des Deutschen Bundestages und sorgten für Öffentlichkeit über seine Situation. Nachdem die Petition nach zwei Monaten positiv entschieden wurde, änderte das Bundesamt den Bescheid ab und sprach ihm einen Abschiebeschutz zu. Sedat Baydemir wurde aus der Haft entlassen.[2]

Ein weiteres Beispiel: Nennen wir ihn Sergey S. Über den Sozialarbeiter in der Offenbacher Abschiebehaftanstalt hatten wir von ihm erfahren. Er war aus Russland geflüchtet, weil er nicht zum Militär gehen wollte. In Deutschland war sein Asylbegehren sehr schnell vom Bundesamt abgelehnt worden, woraufhin er untertauchte und schwarz arbeitete. Nach einigen Jahren wurde er 2005 festgenommen und sofort in Abschiebehaft genommen. Wir versorgten ihn mit russischsprachigen Informationen, welche Möglichkeiten es in Russland zur Ausmusterung und Kriegsdienstverweigerung gibt. Wir sorgten zudem dafür, dass er Kontakt zu Rechtshilfegruppen in Russland aufnehmen konnte, mit dem Ziel, eine Ausmusterung durchzusetzen. Wenige Tage später wurde er abgeschoben. Wir wissen nicht, wie es ihm danach ergangen ist.

So setzen wir uns in unserer Arbeit im Kern mit zwei Fragen auseinander: Militarismus und Flüchtlingspolitik. Und es ist für uns immer von hoher Wichtigkeit, nicht nur die einzelnen Personen und Schicksale zu sehen, sondern auch immer wieder die Hintergründe zu reflektieren. Und so will ich heute den folgenden zwei Fragen nachgehen: Welche Funktion hat die Abschiebehaft im Rahmen der Flüchtlingspolitik und wie wirkt sich dies auf die Möglichkeit aus, die je individuelle Opposition gegen Militär durchzusetzen?

## Anmerkungen zur Geschichte der Asylgewährung

Einer sehr aufschlussreichen Abhandlung von Gérard Noiriel[3] ist zu entnehmen, dass 1793 das Asylrecht im Zuge der französischen Revolution proklamiert

---

1 Ein Asylfolgeverfahren begründet keinen Rechtsschutz für die Dauer des Verfahrens. Daher ist es möglich, Asylantragsteller nach Ablehnung durch das Bundesamt für Migration und Flüchtlinge (früher: Bundesamt für die Anerkennung ausländischer Flüchtlinge) selbst dann abzuschieben, wenn noch eine Klage vor dem Verwaltungsgericht anhängig ist (§ 75 AsylVfG). Hiergegen kann Rechtsbehelf nach § 84 Abs. 2 der Verwaltungsgerichtsordnung eingelegt werden, dem jedoch nur entsprochen wird, wenn das Klageverfahren Aussicht auf Erfolg hat und ein Rechtsschutzbedürfnis besteht, d.h. z.B. akut eine Abschiebung droht.

2 Vgl. dazu http://www.Connection-eV.de/Tuerkei/baydemir.html.

3 Gérard Noiriel: Die Tyrannei des Nationalen. Sozialgeschichte des Asylrechts in Europa. Lüneburg 1994.

wurde. Das blieb zunächst wenig beachtet. Erst nach dem II. Weltkrieg fand sich ein Passus in der Allgemeinen Erklärung der Menschenrechte von 1948 wieder:

> Jeder Mensch hat das Recht, in anderen Ländern vor Verfolgungen Asyl zu suchen und zu genießen.[4]

Heute gilt die Definition der Genfer Flüchtlingskonvention von 1951[5] als wesentliche Grundlage für die Schutzgewährung.

Bei Noiriel ist nachzulesen, wie die Gewährung von Asyl zunehmend der obrigkeitsstaatlichen Kontrolle und Disziplinierung ausgesetzt war. Ich will dies nicht in allen Einzelheiten nachvollziehen, sondern nur auf einige Merkmale hinweisen. Wesentliche, heute als selbstverständlich gehandelte, Kontrollmechanismen wurden im Zuge dieser Auseinandersetzungen entwickelt:

- Meldepflichten bei staatlichen Behörden;
- Registrierung der Bevölkerung;
- Staatsbürgerschaft, d. h. die Zuordnung jeder Person zu einem Nationalstaat;
- der Pass als Identifikationsnachweis für eine Person einschließlich eines Lichtbildes;
- Visumspflichten für AusländerInnen, d. h. Einführung von Zugangsbeschränkungen;
- Abgrenzungsmechanismen an den Außengrenzen der Nationalstaaten.

Ihr seht schon, worauf dies hinausläuft: Der Prozess der Abgrenzung ist auf der Innenseite mit der Herstellung einer nationalen Identifikation verbunden und von dieser motiviert. „Die nationale Identität", so Noiriel, „wird zunächst anhand einer immensen bürokratischen Identifizierungsarbeit durchgebildet"[6]. In der Herstellung der nationalen Identität scherte sich niemand um das Recht der Individuen auf Selbstbestimmung. Die Individuen wurden etikettiert, registriert und eingeordnet, ob sie es wollten oder nicht. Jede und jeder wurde zu einer Nummer. Inzwischen konstituieren die Vermerke im Ausweis scheinbar die wahrhafte Identität des Individuums.

Hinzu kommen allerdings noch weitere Maßnahmen zur Konstruktion nationaler Identität, zur Herstellung eines Gemeinschaftsgefühls. Es geht dabei nicht nur um die Mobilisierung gemeinsamer Kriterien, sondern immer auch um die Darstellung und Abgrenzung von Gegenbildern. In besonderer Weise werden diese Bilder von dem „Wir" und den „Anderen", von „Freund" und „Feind" in einer Kriegssituation aufgebaut, die mit einer immensen Polarisierung und einer Stigmatisierung der Anderen verbunden ist.

---

4 Art. 14 Abs. 1 der Allgemeinen Erklärung der Menschenrechte vom 10. Dezember 1948.
5 Abkommen über die Rechtsstellung der Flüchtlinge vom 28.7.1951.
6 Gérard Noiriel 1994, S. 297.

In der Vorbereitung des heutigen Vortrags sind mir dabei z. B. die sprachlichen Veränderungen in den Sinn gekommen, die einem Krieg vorausgehen. So wurden im Zuge des I. Weltkrieges französische und englische Begriffe aus der deutschen Sprache eliminiert. Fortan hieß es „Bürgersteig" statt „Trottoir", die Firma „Sunlight" hieß nun „Sunlicht" usw. Ähnliches geschah auch im Vorfeld und während des Krieges zwischen Kroatien und der Bundesrepublik Jugoslawien Anfang der 90er Jahr des letzten Jahrhunderts, als die kroatische Sprache bewusst ausdifferenziert wurde.

Was davon zu halten ist, schrieb Rudolf Rocker 1929:

> Die Nation aber ist stets das künstliche Produkt eines Regierungssystems, wie ja auch der Nationalismus im Grunde genommen nichts anderes vorstellt als die Religion des Staates. Die Zugehörigkeit zu einer Nation wird nie durch natürliche innere Ursachen bestimmt, sondern durch rein äußerliche Verhältnisse und Gründe der Staatsräson, hinter der sich natürlich immer nur die Sonderinteressen bestimmter Klassen verbergen.[7]

Die Identität der Individuen wird davon in hohem Maße beeinflusst. Die Diskussionen um die doppelte Staatsbürgerschaft, um Staatsbürgerschaftstest usw. zeigen dies in aller Deutlichkeit. Deutschsein wird konstruiert anhand von Kriterien, die obrigkeitsstaatlich verordnet werden. Diese können zunächst gegenüber Menschen ohne deutschen Pass durchgesetzt werden, haben aber gleichwohl Auswirkungen in die ganze Gesellschaft.

Wer die aktuellen Entwicklungen zur Innen- und Sicherheitspolitik auf europäischer Ebene verfolgt, wird eine ähnliche Entwicklung feststellen. Die Grenzöffnung zwischen einigen Mitgliedstaaten der Europäischen Union wurde begleitet von Maßnahmen innerhalb der Europäischen Union, die eine umfassende Registrierung der Daten aller Nicht-EU-Bürger vorsieht. So werden in der Datenbank EURODAC die Fingerabdrücke aller MigrantInnen und Flüchtlinge gespeichert. Ausgeweitet wurden auch die polizeilichen Kompetenzen innerhalb der EU-Staaten. Zudem gab es eine immense Aufrüstung an den Außengrenzen. Das Schengener Abkommen, ergänzt durch weitere EU-Vereinbarungen, führte ein umfassendes Grenzregime ein.

Es ist nur wenige Monate her, dass verzweifelte afrikanische Flüchtlinge versuchten, die spanischen Exklaven Ceuta und Melilla an der Küste Marokkos zu erreichen, um auf das Territorium der Europäischen Union zu gelangen. Als Antwort schickte die spanische Regierung Militär. Die Europäische Union forderte zudem die marokkanische Regierung auf, schärfer gegen die Flüchtlinge vorzugehen. Mehrere Menschen wurden erschossen. Viele weitere wurden ver-

---

7 Rudolf Rocker: Der Nationalismus und die moderne Reaktion. Fanal, Organ der anarchistischen Vereinigung, Mai 1929.

letzt. Tausende wurden anschließend ohne Wasser und Nahrung in die Wüste verfrachtet und dort ihrem Schicksal überlassen.[8]

Die Europäische Union weist Flüchtlinge zurück, auch ohne Prüfung eines Asylantrages. Die Außengrenzen werden abgeschottet, mit Unterstützung von Militär. Die Festung Europa soll möglichst undurchdringlich gemacht werden. In Afrika und in den westlichen GUS-Staaten sollen Lager entstehen, in denen die Flüchtlinge interniert werden, um sie erst gar nicht an die Tore Europas kommen zu lassen. Jeeps, Nachtsicht- und Radargeräte sollen eine lückenlose Sicherung der Grenzen gewährleisten. Dabei arbeitet die Europäische Union eng mit diktatorischen Regimen und mit Verfolgerstaaten zusammen. Mit dieser Art des Flüchtlingsschutzes wird die schon unzureichende Genfer Flüchtlingskonvention ausgehebelt. Damit wird faktisch der Flüchtlingsschutz, so unzureichend er ist, abgeschafft.[9]

**Funktion der Abschiebehaft**

Die andere Seite dieser restriktiven Flüchtlingspolitik sind die Abschiebehaftanstalten. Wer es überhaupt geschafft hat, in die Europäische Union und nach Deutschland zu kommen, wird mit großer Sicherheit im Asylverfahren abgelehnt.

Dazu einige Zahlen: Im Vergleich zu 1992, als 438.191 Asylanträge gestellt wurden, reduzierte sich die Zahl der Anträge im Jahre 2005 auf 42.908, weniger als 10 %. Im Jahre 2005 sprach das Bundesamt für Migration und Flüchtlinge nur 5,2 % einen asylrechtlichen Schutz zu und weiteren 1,4 % einen Abschiebeschutz.[10]

Abschiebehaft wird auf Antrag der Ausländerbehörden verhängt, um die Ausweisung vorzubereiten bzw. die Ausreisepflicht durchzusetzen. Sie kann für einen Zeitraum von bis zu sechs Monaten ausgesprochen werden. In der Regel gibt es Anordnungen für sechs Wochen bis zu drei Monaten. Insgesamt kann die Abschiebehaft bis zu 18 Monaten andauern. Sie gilt aber per Definition nicht als strafrechtliche Sanktion, sondern als Verwaltungsmaßnahme. Ganz in dieser Konsequenz stehend gibt es in diesem Verfahren auch keinen Staatsanwalt und es muss kein Pflichtverteidiger bestellt werden.[11]

---

8  Vgl. Martin Kreickenbaum: EU beschließt Lagersystem für Flüchtlinge, 27. Oktober 2005. http://www.wsws.org/de/2005/okt2005/ceu1-o27.shtml.

9  Vgl. Karl Kopp: Umbau- und Abrissarbeiten am europäischen Flüchtlingsschutz und Helmut Dietrich: Flüchtlingslager an den neuen Außengrenzen – wie Europa expandiert. In: Rudi Friedrich, Tobias Pflüger (Hrsg.): In welcher Verfassung ist Europa? – Europäische Union: Militarisierung und Flüchtlingsabwehr. Grafenau 2004, S. 37–48 und 49–60.

10 Bundesamt für Migration und Flüchtlinge: nach http://www.bamf.de.

11 Vgl. Hubert Heinhold: Abschiebungshaft in Deutschland. Karlsruhe 2004.

Kurz gesagt: Hier wurde ein Verfahren geschaffen, dass zwar einen Eingriff in das Menschenrecht auf die Freiheit der Person nach Art. 2 Grundgesetz darstellt, aber so konstruiert wurde, dass selbst der Europäische Gerichtshof für Menschenrechte im Prinzip der Möglichkeit der Abschiebehaft zustimmte.

Die Anordnung der Abschiebehaft kann erfolgen, wenn „der begründete Verdacht besteht, dass (der Flüchtling) sich der Abschiebung entziehen will"[12]. Eine ausführliche Begründung der Ausländerbehörde, die belegen soll, dass der Flüchtling die Abschiebung verhindern wollte, wird aber regelmäßig erst nach Ablauf von sechs Monaten vorgelegt. Die Gründe reichen von der fehlenden Unterschrift unter das Passantragsformular, fehlende Mitteilung einer neuen Adresse bis zum Widerstand beim Abschiebungsversuch.

Die Zuständigkeit bei der Abschiebehaft liegt bei den Ländern, so dass es erhebliche Unterschiede bei der Unterbringung gibt. Die Flüchtlinge werden teilweise in den Strafvollzugsanstalten untergebracht. Ein Bericht von der Rechtsanwältin Susanna Ruhfleisch dazu aus Mannheim:

> Hier wurden im Innenhof der JVA Container aufgestellt, die von einer Mauer mit Stacheldraht umgeben sind – ein ‚Knast im Knast'. Die Flüchtlinge sind in der Regel zu dritt in einer ca. 15 qm großen Zelle untergebracht, es gibt insgesamt etwa 100 Plätze.

> Abgesehen von einem zweistündigen Hofgang sind die Flüchtlinge rund um die Uhr eingesperrt, ein Umschluss findet nicht statt. Es stehen nur wenige Arbeitsplätze zur Verfügung, ansonsten gibt es alle 14 Tage eine Sportstunde und eine wöchentliche Gesprächsgruppe für maximal fünf Gefangene. Im Klartext heißt das, regelmäßig 22 Stunden ununterbrochen mit zwei weiteren Menschen eingesperrt zu sein. Der wiederholten Kritik von Flüchtlingsgruppen an dieser Form der Unterbringung wird mit dem Hinweis begegnet, dass ja ein Fernseher in jeder Zelle zur Verfügung stehe – für Abwechslung ist also gesorgt.

> Der Kontakt zur Außenwelt ist äußerst schwierig. Die Flüchtlinge dürfen einmal pro Woche für eine Stunde während äußerst arbeitnehmerunfreundlichen Zeiten besucht werden. Diese Regelung führt natürlich zu Schwierigkeiten: so wird z.B. die Ehefrau weggeschickt, wenn ein Freund oder Kollege den Flüchtling in dieser Woche bereits besucht hat. Erschwert wird die Situation zusätzlich durch die langen Anfahrtswege, die die BesucherInnen häufig zurücklegen müssen. Die Unterbringung in der Abschiebungshaft erfolgt in der Regel am Ort der Festnahme, so dass in der Mannheimer Haftanstalt nicht nur Flüchtlinge aus ganz Baden-Württemberg kommen, sondern – beispielsweise bei einer Verhaftung beim versuchten Grenzübertritt in die Schweiz oder nach Frankreich – aus ganz Deutschland. Da die Unterbringung in einem Gefängnis in der Öffentlichkeit mit dem Begehen einer Straftat gleichgesetzt wird, brechen einige Abschiebungsgefangene den Kontakt zu Familienangehörigen oder Bekannten aus Scham über ihre Inhaftierung vollkommen ab.[13]

---

12 § 62 Abs. 2 Aufenthaltsgesetz.
13 Susanna Ruhfleisch: Eingesperrt zum Abtransport. In: Friedensforum, Bonn, 6/2000.

## Wehrpflicht – Mittel der Erziehung zum Gehorsam

Ich sprach davon, dass der Aufbau einer nationalen Identität nicht nur mit einer immensen Abgrenzung nach außen verbunden ist. Auf der anderen Seite ist dies mit der Schaffung von Gemeinsamkeiten verbunden, die die Vorstellung des Nationalen in den Köpfen der Bevölkerung verankern soll. Das geschieht auf vielen Ebenen, der Kultur, in den Medien, in der Politik. Ich will hier nur auf eine Form näher eingehen, mit der wir uns schon seit Jahren beschäftigen: der Wehrpflicht. Sie greift wegen ihres Zwangscharakters am stärksten in das Recht der Individuen ein und bietet darüber auch sehr umfassende Möglichkeiten, Individuen zu formen.

Nicht ganz zufällig war es auch die französische Revolution, die – zunächst nur als äußerst umstrittene und als befristet gedachte Notmaßnahme – die Wehrpflicht in moderner Form einführte. Sie kannte noch eine Reihe von Ausnahmeregelungen. Aber die Vorstellung, für Freiheit, Gleichheit, Brüderlichkeit einzutreten, die hehren Ziele der Revolution einzutreten, schuf eine Grundlage, in der sich die Vorstellung durchsetzen konnte, dass alle Männer dazu verpflichtet sind, für die Revolution, d. h. eben auch, für den Staat und die Nation in den Krieg zu ziehen. Die Zeit der Söldnerheere war damit beendet. Und mit der Wehrpflicht im Verbund mit der Kraft der Ideologie konnte Napoléon erst so erfolgreich militärisch agieren und ein Massenheer unbekannten Ausmaßes errichten.

Der Nationalstaat machte jedem Bürger zur Pflicht, für das Gemeinwesen einzutreten, also Soldat zu werden. Das betraf bis zur heutigen Zeit in fast allen Ländern nur die Männer.[14] Obwohl noch unter Napoléon Zehntausende eines Jahrgangs desertierten, bewährte sich Frankreichs Kriegsführungsinstrument so sehr, dass innerhalb weniger Jahre die Staaten Kontinentaleuropas gleichfalls dazu übergingen.

Der erste Staat, der das Mittel der allgemeinen Wehrpflicht wesentlich konsequenter umsetzte, war Preußen. Nach dem Desaster des Russlandfeldzuges von Napoléon 1812 gelang es der preußischen Regierung, die Stimmung gegen die französische Besetzung zu nutzen und die Wehrpflicht durchzusetzen. Voller Emphase, so lässt sich bei Michael Sikora nachlesen, zogen die Soldaten in den Krieg: für Vaterland und Freiheit. Die Ideologie erhöhte den Kampfwillen der Soldaten.

Michael Sikora schreibt weiter:

> Die Euphorie der Befreiungskriege besiegelte die Tendenz zur Nationalisierung der Armeen, die nicht nur äußerlich, in der Rekrutierung, sondern auch in den Köpfen stattfand. Der Rekrut sollte nicht allein dem Zwang folgen, sondern dem

---

14 Ausnahmen sind Israel, Eritrea und China.

eigenen Antrieb, in dem er sich mit Fürst und Staat identifizierte. Die Erfahrungen der Kriege seit 1806 zeigten, dass dieser Prozess auch durch die militärische Praxis selbst in Gang gesetzt werden konnte.[15]

Zahllose Kriegstagebücher wurden nach den Kriegen verfasst. Sie spiegeln dies wider und zeigen, dass die Autoren die Vorstellung hatten, „durch Teilnahme an außerordentlichen Ereignissen eine außerordentliche Bedeutung erlangt zu haben".[16] Der Militärdienst erhielt ein größeres Renommee. Die Überlebenden suchten einen Sinn für ihre Erlebnisse und fanden ihn in Pflichtbewusstsein, Siegerruhm und Nationalstolz.

Letztlich müssen wir sagen, dass das Konzept der Wehrpflicht in Verbindung mit einer ideologischen Begründung höchst erfolgreich war. Das Militär galt fortan als Schule der Nation. Mit der Einberufung in die Armee beginnt ein Prozess der Einbindung in einen Gewaltapparat, der sonst unter Strafe gestellte Handlungsweisen legitimiert und fordert. Der Soldat wird zum Vollstrecker der gemeinsam von oben definierten Ideologie und erhält auf diese Weise eine enorme Machtfülle.

Um diese totalitäre Erziehung umzusetzen, gilt für den Soldaten ausschließlich das Befehls- und Gehorsamsprinzip. Elias Canetti macht deutlich, wie es in die Freiheit des Individuums eingreift und das Individuum formt:

> Die Erziehung des Soldaten beginnt damit, dass ihm viel mehr verboten wird als anderen Menschen. Auf die kleinsten Übertretungen stehen schwere Strafen. Die Sphäre des Nicht-Erlaubten, mit der jeder schon als Kind vertraut gemacht wird, erweitert sich für den Soldaten ins Riesenhafte. Mauern über Mauern werden um ihn errichtet; man leuchtet sie für ihn ab, man lässt sie vor ihm wachsen. Ihre Höhe und Strenge kommt ihrer Deutlichkeit gleich. Es ist von ihnen immer die Rede, er kann nicht sagen, dass er sie nicht kennt. Er beginnt, sich so zu bewegen, als ob er sie immer um sich fühlte. Das Eckige des Soldaten ist wie das Echo seines Körpers auf ihre Härte und Glätte; er bekommt etwas von einer stereometrischen Figur. Er ist ein Gefangener, der sich seinen Mauern angepasst hat; ein Gefangener, der es zufrieden ist; der sich gegen seinen Zustand so wenig wehrt, dass die Mauern ihn formen. Während andere Gefangene nur einen Gedanken kennen; wie sie ihre Mauern übersteigen oder durchbrechen könnten, hat er sie als eine neue Natur, als natürliche Umgebung anerkannt, der man sich anpasst, zu der man selber wird.[17]

Die Durchsetzung des Befehls dient also dazu, den individuellen Willen zu brechen. Es soll dem Soldaten klar gemacht werden, dass er auf keinen Fall die Möglichkeit hat, sich zu wehren. Elementare Bedürfnisse, wie Schlafen, werden ihm verwehrt. Der Rekrut wird erniedrigt, er muss sich seine Anerkennung erst

15 Michael Sikora: Das 18. Jahrhundert: Die Zeit der Deserteure. In: Ulrich Bröckling und Michael Sikora: Armeen und ihre Deserteure. Göttingen 1998. S. 135.
16 Ebenda.
17 Elias Canetti: Masse und Macht. Frankfurt/M. 1993. S. 346.

erwerben. Das schafft ein Klima, in dem die Rekruten versuchen, sich möglichen Sanktionen zu entziehen und sich den soldatischen Verhaltensweisen anzupassen.[18]

Übrigens zeigt sich dies in Ländern wesentlich ausgeprägter, in denen der Nationalstaat in Frage gestellt wird. Die Türkei ist ein Beispiel dafür, in der die Wehrpflicht als Indoktrinationsmittel verstanden wird, um in den Köpfen zu verankern, dass nur die Armee die Hüterin der Unteilbarkeit der Nation und des Fortschritts ist und damit die Rechtfertigung hat, immer wieder in politische Prozesse einzugreifen.

## Widerstand gegen Wehrpflicht und Rekrutierung

Wer sich diesem Ansinnen entzieht, gilt als Verräter. Strafrechtlich wird das als Befehlsverweigerung, unerlaubte Abwesenheit oder Desertion verfolgt und ist auch im deutschen Militärrecht mit jahrelangen Haftstrafen bedroht.[19]

Weltweit gibt es heute über 30 Kriege und Konflikte. Das bedeutet vielfachen Tod und Zerstörung. Das bedeutet aber auch, dass für all diese Kriege und Konflikte zwangsweise rekrutiert wird, sowohl über die Wehrpflicht, mit falschen Versprechungen, wie über Razzien, Aushebungen oder wilde Rekrutierungen. In vielen Ländern sind es dabei nicht nur die erwachsenen Männer, die für die Zwecke militärischer Einheiten eingefangen werden, es sind ebenso junge Frauen und Kinder.

Aber es gibt auch Tausende, die sich in den verschiedenen Kriegen der Zwangsrekrutierung widersetzen oder desertieren oder verweigern. Sie leben in den USA, in Israel, in der Türkei, in Armenien und Aserbaidschan, in Russland, in Sri Lanka, im Sudan, in Kolumbien und vielen anderen Ländern. Sie alle widersetzen sich dem Ansinnen der Herrschenden, sich für ihre Zwecke missbrauchen zu lassen. Es ist eine Entscheidung, die oft höchsten Mut erfordert, angesichts der drohenden Repressionen.

Die Kriegsdienstverweigerung und Desertion ist aber noch mehr: Sie ist ein kleiner, aber bedeutender Teil des Widerstandes gegen Krieg, weil sie ins Herz des Militärs trifft, weil sich Kriegsdienstverweigerer und Deserteure der gefor-

---

18 Am Beispiel des türkischen Militärs wird dies anhand einer Auswertung von Interviews mit ehemaligen Soldaten beschrieben in: Andreas Berger, Rudi Friedrich und Kathrin Schneider: Der Krieg in Türkei-Kurdistan. Göttingen 1998, S. 120 ff. Vgl. auch Hubert Treiber: Wie man Soldaten macht, Düsseldorf 1973.

19 Im deutschen Wehrstrafgesetz sind dafür folgende Strafen vorgesehen: bis zu drei Jahren Freiheitsstrafe wegen Eigenmächtiger Abwesenheit (§ 15); bis zu fünf Jahren Freiheitsstrafe wegen Fahnenflucht (§ 16); bis zu drei Jahren Freiheitsstrafe wegen Ungehorsam (§ 19) oder Gehorsamsverweigerung (§ 20).

derten unumschränkten Verfügungsbereitschaft, dem Befehls- und Gehorsamsprinzip entziehen.

Eine besondere Bedeutung kann die Verweigerung und Desertion nicht nur erhalten, wenn sie massenhaft erfolgt, sondern auch, wenn sie als öffentliche Widerstandshandlung verstanden wird. Wer öffentlich gegen die Ableistung des Kriegsdienstes auftritt – wie dies in Südafrika während des Apartheidregimes geschah, wie es heute in Israel oder der Türkei der Fall ist – und damit gegen Wehrpflicht und Militär opponiert, kann sehr wohl Prozesse in Gang setzen, die ein Umdenken in der Gesellschaft befördern.

### Abschiebehaft und Kriegsdienstverweigerung

In den Abschiebehaftanstalten sitzen keineswegs nur politische Häftlinge in dem Sinn, dass sie ausschließlich wegen fortschrittlicher politischer Aktivitäten inhaftiert werden. Viele von ihnen sind auch nicht wegen drohender Verfolgung aufgrund politischer Aktivitäten im Herkunftsland nach Deutschland geflohen. Die Flüchtlinge und MigrantInnen sind aus verschiedensten Gründen nach Deutschland gekommen: um Geld zu verdienen, wegen drohender Verfolgung im Herkunftsland, um sich dem Kriegsdienst zu entziehen, um aus Kriegsgebieten zu entkommen, letztlich, um ein menschenwürdiges Leben zu finden, das sie in der Heimat nicht finden konnten. In der Abschiebehaft eint sie allerdings eines: Niemand sitzt in Abschiebehaft, weil sie oder er straffällig geworden ist, sondern ausschließlich, um abgeschoben zu werden – und zwar bis zu 18 Monate lang. Das ist das grundsätzliche Politikum.

Wenn wir uns zum Abschluss die besondere Situation von Kriegsdienstverweigerern und Deserteuren ansehen, müssen wir jedoch ergänzen: Hier droht Personen eine monatelange Haft, die sich dem Ansinnen der Kriegsherren widersetzt haben, „Kanonenfutter" zu sein. „Die persönliche Dienstverweigerung", so Erich Mühsam 1929, „ist die direkte Aktion, die unmittelbare Einwirkung, die in Ländern mit allgemeiner Wehrpflicht von selbst geboten ist." Und weiter:

> Die Verweigerung der Heeresfolge und der Munitionsherstellung bedingt die Selbstverantwortung des Einzelnen, die wiederum von keinem autoritären Empfinden und Wollen aus erträglich ist. Eine solche Aktion, in großem Maßstabe durchgeführt, träfe ideemäßig das zentralistische Prinzip, das Prinzip der Unterordnung und der Obrigkeitsdisziplin in jeder Form.[20]

So erweist sich die Abschiebehaft als in höchstem Maße politisch motiviert: als Teil der Staatsräson, als Mittel der Abgrenzung und Ausgrenzung, als Abschreckungsinstrument und als Mittel der Illegalisierung von Flüchtlingen. Sie sorgt

---

20 Erich Mühsam: Das Wehrproblem. Fanal, Organ der anarchistischen Vereinigung, Februar 1929.

als schärfster Ausdruck der Durchsetzung ordnungspolitischer Vorgaben innerhalb Deutschlands und der europäischen Union letztlich dafür, dass Kriegsdienstverweigerer und Deserteure, wie politisch Verfolgte, den Verfolgerstaaten
ausgeliefert werden.

*Connection e.V., Gerberstr. 5, 63065 Offenbach, Tel.: 069-82375534, Fax: 069-
82375535, E-Mail: office@Connection-eV.de, www.Connection-eV.de*

Jürgen Heiser

# Ein fälliger Schritt im internationalen Bürgerrechtskampf: Die Gründung des „Internationalen Komitees zur Abschaffung der Todesstrafe"

Am 2. Juli 2006 werden wir ein besonderes Jubiläum begehen: den 30. Jahrestag der Wiederinkraftsetzung der Todesstrafe in den USA nach einer vorübergehenden Aussetzung von vier Jahren seit 1972.

Der 2. Juli 2006 wird aber noch aus einem weiteren, allerdings völlig entgegengesetzten Grund zu einem denkwürdigen Datum: An diesem Tag wird das „Internationale Komitee zur Abschaffung der Todesstrafe" sich mit einer Erklärung an die internationale Öffentlichkeit wenden.

Seine Gründungsmitglieder, zu denen u. a. Prof. Angela Y. Davis aus Santa Cruz und Rechtsanwalt Robert R. Bryan aus San Francisco und weitere namhafte Personen gehören, werden erklären, warum der 30. Jahrestag der Wiedereinführung der Todesstrafe künftig zugleich auch der Tag sein wird, der für die *Abschaffung* der Todesstrafe steht und an dem das Komitee künftig in jedem Jahr seinen Rechenschaftsbericht ablegen wird, welche Schritte vollzogen wurden, um dieses Ziel zu erreichen.

Es ist mir eine besondere Freude, die Gründung des Internationalen Komitees hier auf der Jahrestagung zum ersten Mal überhaupt in der BRD öffentlich zu machen – das liegt an der besonderen Verbindung zu Erich Mühsam und zur Erich-Mühsam-Gesellschaft, u. a. deshalb, weil Mumia Abu-Jamal im Mai 2001 der Erich-Mühsam-Preis verliehen wurde und zwei Jahre später der *jungen Welt*, die als linke Tageszeitung den Kampf gegen die Todesstrafe unterstützt und seit über fünf Jahren jeden Samstag eine Kolumne von Mumia veröffentlicht.

Selbstverständlich entwickle ich meine heutigen Überlegungen vor dem Hintergrund meines 17-jährigen Einsatzes für Mumia Abu-Jamal. Sein Fall ist exemplarisch für die Todesstrafe – und für die Notwendigkeit ihrer Abschaffung.

## Schlaglichter auf die Historie

Die britischen Kolonien in Nordamerika verhängten bereits kurze Zeit nach ihrer Gründung die Todesstrafe. Die erste bekannte Hinrichtung war 1608 die eines Kapitäns wegen Spionage für die spanische Krone. Ab 1834 begann man, Hinrichtungen unter Ausschluss der Öffentlichkeit zu vollziehen. Die letzte *öffentliche* Hinrichtung fand am 14. August 1936 in Owensboro, Kentucky statt: Der

22-jährige Afroamerikaner Rainey Bethea wurde vor etwa 20.000 Zuschauern mit dem Strick gehenkt.

Mitte des 19. Jahrhunderts wurde in Wisconsin und Michigan die Todesstrafe abgeschafft. 1888 wurde der elektrische Stuhl als Alternative zu den bisher gängigen Methoden des Erschießens und Erhängens als „modernere Hinrichtungsmethode" eingeführt.

Im 20. Jahrhundert gab es mehrere aufsehenerregende Fälle mit politischem Hintergrund, die die nationale und internationale Öffentlichkeit stark polarisierten:

- die Todesurteile gegen Sacco und Vanzetti Ende der 1920er Jahre zielten auf die organisierte Arbeiterbewegung und darin v. a. die für den Staat schwer greifbare anarchistische Strömung;

- die Todesurteile gegen das Ehepaar Ethel und Julius Rosenberg wegen „Spionage für die Sowjetunion" waren Ausdruck des Kalten Krieges und der Kommunistenjagd in den USA der 1950er Jahre.

Um das Jahr 1960 tendierte die öffentliche Einstellung langsam gegen die Todesstrafe. Viele verbündete Nationen der USA hatten die Todesstrafe entweder ganz abgeschafft oder eingeschränkt, und auch in den USA verminderte sich die Zahl der Hinrichtungen. In den Jahren um 1940 fanden 1.289 Hinrichtungen statt, zehn Jahre später waren es noch 715 und die Zahl fiel weiter auf 191 von 1960 bis 1972. Laut einer Umfrage befürworteten im Jahr 1966 nur noch 42 Prozent der amerikanischen Bevölkerung die Todesstrafe. Die Gegner kritisierten schon damals, dass Menschen willkürlich und aus rassistischen Motiven zum Tode verurteilt werden.

## Suspendierung der Todesstrafe am 29. Juni 1972

1972 kam der Fall *Furman vs. Georgia* vor den Obersten Gerichtshof der USA. Der zum Tode verurteilte Kläger Furman argumentierte, die Todesstrafe werde willkürlich verhängt und verletze damit das 8. Amendement (Zusatz zur amerikanischen Verfassung), das jeder Person Schutz vor grausamer und ungewöhnlicher Strafe gewährt.

Die Obersten Richter urteilten, dass eine Strafe „grausam und ungewöhnlich" sei, wenn sie dem Verbrechen nicht angemessen sei, wenn sie willkürlich verhängt werde, wenn sie den öffentlichen Gerechtigkeitssinn verletze und wenn sie in ihrer Verbrechensprävention nicht wirksamer (abschreckender) sei als eine andere harte Strafe.

Die Richter gaben Furman schließlich Recht, dass die Todesstrafe grausam und ungewöhnlich sei und das 8. Amendement verletze. Am 29. Juni 1972 erklärte der Oberste Gerichtshof vierzig Gesetzesvorschriften der Todesstrafe für nichtig, setzte die Todesstrafe im ganzen Land aus und wandelte die Todesurteile von 629 Gefangenen in lebenslange Haftstrafen um.

Die Entscheidung des Supreme Court war der juristische Ausdruck des gesellschaftlichen Drucks der 1960–70er Jahre, vor allem des Aufbegehrens der afroamerikanischen Bevölkerung und ihres Kampfes für Bürger- und Menschenrechte, wofür beispielhaft die Namen Rosa Parks, Martin Luther King und Malcolm X stehen und Organisationen wie die Black Panther Party.

Die Bundesstaaten überarbeiteten fortan ihre Todesstrafengesetze, um Willkür bei der Verhängung eines Todesurteils künftig auszuschließen.

Es wurden Richtlinien festgelegt, die es einem Richter oder den Geschworenen ermöglichen, strafverschärfende oder strafmildernde Faktoren zu berücksichtigen. Die Gerichtsverhandlung in *capital cases* wurde jetzt in zwei Phasen geteilt: eine, in der die Jury über Schuld oder Nicht-Schuld des Angeklagten entscheidet, und eine zweite, in der im Falle eines Schuldspruchs die Höhe der Strafe bestimmt wird. Außerdem wurden Rechtsmittel festgelegt, nach denen Urteil und Strafe in der Berufung noch einmal geprüft werden können.

Auf dieser hier nur grob umrissenen „reformierten" Basis wurde die Todesstrafe am 2. Juli 1976 wieder in Kraft gesetzt. Die Wiedereinführung der Todesstrafe war auch ein Ausdruck des realen gesellschaftlichen Kräfteverhältnisses, das sich im Niedergang der Bewegungen der 1960er Jahre zunächst wieder zugunsten der Todesstrafenlobby veränderte.

## Die Entwicklung nach 1976

Die Hinrichtungen wurden am 17. Januar 1977 wieder aufgenommen. Gary Gilmore wurde in Utah durch ein Erschießungskommando (Peloton) exekutiert. Am 2. Dezember 1982 wurde Charles Brooks als erster Verurteilter in Texas durch die Giftspritze getötet. Seither wurden ca. 1.100 Menschen in den USA hingerichtet, zur Zeit warten über 3.500 Verurteilte auf ihre Hinrichtung.

Zahlen von Amnesty International belegen, dass seit 1900 in den USA mindestens 450 Menschen zum Tode verurteilt worden sind, deren Unschuld später bewiesen wurde. Bei einigen wenigen wurde erst posthum offiziell die Unschuld festgestellt; sie sind zwar rehabilitiert – aber tot. So auch Sacco und Vanzetti, die Präsident Carter 1977 rehabilitiert hat – nach fast 50 Jahren!

Seit der erneuten Einführung der Todesstrafe 1976 wurde sie nach und nach in 38 Bundesstaaten wieder eingeführt, in zwölf von 50 Bundesstaaten und im District of Columbia aber blieb sie oder wurde sie wieder abgeschafft. In mehreren Staaten, darunter Illinois, wird sie nicht mehr vollstreckt, weil dort ein Moratorium verhängt wurde (dazu später mehr).

Doch können Bundesgerichte auch in Bundesstaaten, die die Todesstrafe abgeschafft haben, bei Anwendung von Bundesgesetzen (*federal crimes*) die Todesstrafe aussprechen, so zuletzt 2003 in Boston, Massachusetts, gegen Gary Sampson wegen der Ermordung zweier Autofahrer in Verbindung mit Autodiebstahl und „Entführung" der Wagen über Bundesstaatsgrenzen hinweg, wodurch seine Delikte *federal crimes* wurden.[1]

## Besonderheit: Hinrichtung Jugendlicher

Laut Amnesty International gehören die USA neben China, der Demokratischen Republik Kongo, Iran, Nigeria, Pakistan, Saudi-Arabien und Jemen zu den wenigen Ländern, in denen auch nach 1990 zur Tatzeit minderjährige Straftäter hingerichtet wurden. Seit einer Entscheidung des Obersten Gerichtshofs im Jahr 1988 ist die Verhängung der Todesstrafe für Straftäter unter 16 Jahren verfassungswidrig. Am 1. März 2005 hat das oberste Gericht der USA die Verfassungswidrigkeit von Todesurteilen für noch nicht 18-jährige Straftäter im Verfahren *Roper vs. Simmons* als „grausame und ungewöhnliche Strafe" nach dem 8. Zusatzartikel der US-amerikanischen Verfassung festgestellt und damit bestätigt, dass in vielen Einzelstaaten bereits durch Abschaffung der Todesstrafe für zur Tatzeit minderjährige Straftäter und geistig Behinderte zum Ausdruck gekommene Umdenken sich verallgemeinert. Die sogenannte Hinrichtungseignung (*death eligibility*) ist damit für die genannten Personengruppen nicht mehr gegeben.

Bis zum Urteil des Obersten Gerichtshofs der USA am 1. März 2005 war die Todesstrafe gegen minderjährige Täter noch in 19 von den 38 US-Bundesstaaten, die die Todesstrafe praktizieren, zulässig.

## Hinrichtungsmethoden

Die von Bundesstaat zu Bundesstaat unterschiedlichen zulässigen Hinrichtungsmethoden sind:

- Giftspritze (775)
- Elektrokution (152)
- Vergasen (11)

---

1 Aktuelle Informationen zur Todesstrafe in den USA sind ständig beim Death Penalty Information Center abrufbar: [http://www.deathpenaltyinfo.org/executions.php].

- Erhängen (3)
- Erschießen (2)

(In Klammern die Anzahl der Anwendungen von Juli 1976 bis November 2004)

Mit Ausnahme von Nebraska, in dem die Elektrokution zwingend vorgeschrieben ist, bieten alle Staaten, bei denen die Injektion nicht die grundsätzlich vorgesehene Methode ist, dem Todeskandidaten diese als Alternative an. Wie ein Passus der auf diesen Beitrag folgende „Erste Erklärung des Internationalen Komitees zur Abschaffung der Todesstrafe" zeigt, ist mittlerweile bis hinauf zur Rechtsprechung des Obersten Gerichtshofs die angebliche „humane" Hinrichtungsmethode mit der Giftspritze aus humaniäten und rechtlichen Gründen in Frage gestellt.

**Drei Bundesstaaten als Beispiele der aktuellen Praxis in den USA: Kalifornien, Texas und Illinois**

*Beispiel eins: Kalifornien*

Seit Wiedereinführung der Todesstrafe 1978 wurden in Kalifornien elf Menschen hingerichtet, 640 sind zum Tode verurteilt und erwarten ihre Hinrichtung. Nachdem es drei Jahre lang keine Hinrichtungen gab, wurde am 19. Januar 2005 das Todesurteil gegen Donald Jay Beardslee für einen 1981 begangenen Doppelmord vollstreckt. Ein Gnadengesuch, das auf eine psychische Erkrankung aufgrund eines Gehirnschadens hinwies, wurde von Gouverneur Arnold Schwarzenegger abgelehnt. So auch im Dezember 2005 das weltweit unterstützte Gnadengesuch von Tookie Williams, dem Schwarzenegger absprach, sich gewandelt zu haben und Reue zu zeigen. Mumia Abu-Jamal hat im Februar 2006 in einem Interview in *junge Welt* erklärt:

Es besteht überhaupt kein Zweifel, dass er keinen fairen Prozess hatte. Er war also möglicherweise unschuldig, es waren aber letztlich politische Erwägungen, die über Leben und Tod entschieden. Schwarzenegger hat Williams die Begnadigung versagt, weil er sich im Gefängnis politisiert hatte. Weil Tookie seiner Autobiographie eine Widmung für Malcolm X, Angela Davis, Nelson Mandela und sogar für mich vorangestellt hatte, wollte der Gouverneur, dass dieser Mann getötet wurde. Hätte er sein Buch Buddha oder Jesus Christus gewidmet – kein Problem. Weil Tookie aber ein schwarzes Bewusstsein entwickelt hatte, wirkte sich das im Nachhinein als strafverschärfend aus und er hatte sein Leben endgültig verwirkt. Das war reine Politik. Das war Rassismus.

*Beispiel zwei: Texas*

Die Justizbehörden in Texas stehen mit 336 Hinrichtungen seit 1976 an der Spitze der Vollstreckungen (seit 1982 nur noch durch die Giftspritze). Vor allem unter Gouverneur George W. Bush gingen die Zahlen sprunghaft hoch, so dass es so viele sind wie in den nächsten sechs noch vollstreckenden Bundesstaaten zusammengenommen.

Ursache ist nicht nur die hohe Zahl der in erster Instanz verhängten Todesurteile, sondern auch der Umstand, dass die beiden für Texas zuständigen Berufungsgerichte diese Urteile nur in drei Prozent der von ihnen behandelten Fälle aufheben, was ebenso wie die Zahl der Hinrichtungen einen USA-weiten Rekord darstellt. Laut einer Untersuchung von 6.000 Todesurteilen zwischen 1976 und 1995 besteht landesweit in den USA eine Chance von 68 Prozent, dass ein Todesurteil von einem Staats- oder Bundesgericht aufgehoben wird.

Der Oberste Gerichtshof der USA hat von texanischen Gerichten verhängte Todesurteile mehrfach als verfassungswidrig aufgehoben, zuletzt im November 2004 im Fall eines offenbar vermindert zurechnungsfähigen Täters (*Smith vs. Texas*, No. 04–5323). Hauptgrund für die Entscheidungen des Supreme Court ist regelmäßig der Umstand, dass die für Texas zuständigen Berufungsgerichte die für die Verfassungsmäßigkeit der Todesstrafe geforderte Berücksichtigung mildernder Umstände vernachlässigen.

Im Dezember 2004 erwarteten 456 Verurteilte in texanischen Gefängnissen ihre Hinrichtung. Diese Zahl wird nur von Kalifornien mit 635 Todeskandidaten übertroffen, doch ist Kalifornien bei der Vollstreckung zurückhaltender (zehn Exekutionen von 1976 bis 2004).

*Beispiel drei: Illinois*

Der Schritt des im Januar 2003 aus dem Amt geschiedenen Gouverneurs von Illinois, George H. Ryan, nach einem bereits über zwei Jahre bestehenden Moratorium als letzte Amtshandlung den einzigen Todestrakt (in Chicago) zu schließen und alle 167 Todeskandidaten seines Bundesstaates zu begnadigen und einige von ihnen wegen erwiesener Unschuld (oder weil ihre Geständnisse unter Polizeifolter erpresst worden waren) sofort freizulassen, hat dem System des *capital punishment* einen entscheidenden Schlag versetzt.

Vor allem deshalb, weil der Republikaner Ryan seine Entscheidung mit der Barbarei der Todesstrafe und der ihr innewohnenden Unberechenbarkeit begründet hat, die er aufgrund der Nähe zu ihrer Verhängung und Vollstreckung während seiner Amtszeit als ihren grundsätzlichen Wesenszug erkannt habe, wie er in seiner letzten Rede erklärte. Sein schlichtes Urteil: „Das System der Todesstrafe ist nicht reformierbar, es muss abgeschafft werden!"[2]

Grund für Ryans Entscheidung und seine Aussage, dass der „Kampf gegen die Todesstrafe einer der wichtigsten Bürgerrechtskämpfe unserer Zeit" ist, waren u.a. die 122 Gefangenen, die seit 1976 aus den Todeszellen freigelassen werden mussten, weil sich ihre Unschuld nachträglich erwiesen hatte. Viele davon waren in Illinois verurteilt worden. Sie hatten ihre Freilassung vor allem dem Umstand zu verdanken, dass Jura-Hochschulprofessoren der Universität von Chicago zusammen mit ihren Studierenden Fälle von Todesurteilen neu aufrollten und – im Gegensatz zu Staatsanwaltschaften und Gerichten – mit einer objektiven Beweisprüfung in immer mehr Fällen die Unschuld der bereits rechtskräftig Verurteilten feststellten. Deshalb nannte Gouverneur George H. Ryan, der die Arbeit der Professoren und Studierenden nach Kräften unterstützt hatte, die Todesstrafenpraxis auch „unberechenbar".

## Die Todesstrafe steht in den USA zur Disposition

Die Auseinandersetzung um die Todesstrafe in den USA findet in einem Klima der völligen Gegensätze statt. Zum einen schlagen sich Berichte in den Medien stärker nieder und scheinen den Status quo zu bestätigen, zum anderen ist die Todesstrafe aber real auch in den USA in den letzten zehn Jahren in Zweifel gezogen worden wie nie zuvor in der Geschichte.

Die aktuelle Hauptkritik, die deutlich auf die Entscheidungsgründe der Suspendierung der Todesstrafe von 1972 weist, hat Sue Gunawardena-Vaughn, Sprecherin von Amnesty International USA, am 1. Dezember 2005 auf der Kundgebung gegen die 1000. Hinrichtung seit 1976, als Kenneth Lee Boyd durch die Giftspritze starb, vor dem Todestrakt in Raleigh, North Carolina, benannt:

> Wir sagen, dass es vor Gericht erfolgversprechender ist, reich und schuldig zu sein als arm und unschuldig. Ob man in diesem System zum Tode verurteilt wird oder nicht, hängt vom Zugang zu einer guten Verteidigung ab.

Armut, Rassismus und unzureichende Verteidigung sind die Hauptmerkmale der Todesstrafenpraxis und erhöhen die Wahrscheinlichkeit, trotz Unschuld verurteilt zu werden, betont Richard Dieter vom „Informationszentrum Todesstrafe" in den USA: „In der Zeit der tausend Hinrichtungen sind 122 Todeskandidaten von Gerichten entlastet und freigelassen worden."

Was den Schluss zulässt, dass jeder achte der tausend Hingerichteten unschuldig gewesen sein könnte. Mit den Verschärfungen der Antiterror- und Todesstrafen-

---

2 Siehe: http://www.freedom-now.de/news/artikel177.html.

gesetze unter Clinton und Bush jr. sind die Berufungsmöglichkeiten für zum Tode Verurteilte eingeschränkt worden. Gegenteilige Entscheidungen kommen nur durch internationalen Druck zustande. Wie bei den beiden jüngsten Grundsatzentscheidungen des Obersten Gerichtshofs der USA geschehen, mit denen die Hinrichtung von Minderjährigen und geistig Behinderten verboten wurden.

## Ein generelles Moratorium ist möglich

Der Kreis von Bundesstaaten wie Illinois und Maryland, die sich für ein Moratorium entscheiden, nimmt zu. Auch in Kalifornien laufen Bestrebungen, sich nach eingehenden Untersuchungen anzuschließen. Die Zeichen mehren sich, dass ein generelles Moratorium der Todesstrafe möglich wird.

Ein Moratorium (= Stundung/Aufschub) bedeutet zunächst das Einfrieren aller Todesstrafenverfahren, also keine Verurteilungen mehr und Aussetzung aller Vollstreckungen von rechtskräftigen Urteilen. Das wird bereits vor allem in Bundesstaaten praktiziert, wo grundsätzliche Zweifel an der Rechtsprechung und Vollstreckung der Todesstrafe existieren. In den folgenden US-Bundesstaaten gilt die eine oder andere Form des Moratoriums: Massachussetts, Wisconsin, Iowa, Minnesota, Michigan, Maine, West Virginia und Illinois.

## Europäischer Druck für die Forderung nach Abschaffung der Todesstrafe in den USA

Die Ablehnung der Todesstrafe ist einhellig unter den 26 EU-Staaten und hat mittlerweile auch die Demokratische Partei in den USA erfasst, die im vergangenen Wahlkampf 2004 (John Kerry) zum ersten Mal seit 1980 nicht mehr die Todesstrafe in ihrem Programm benannt hat. Dieser Druck manifestierte sich beispielhaft am 20. Dezember 2000, als UN-Generalsekretär Kofi Annan in New York anlässlich der Überreichung einer weltweiten Petition gegen die Todesstrafe mit 3,2 Millionen Unterschriften an die US-Regierung erklärte:

> Wie kann ein Staat, der die gesamte Gesellschaft repräsentiert und die Aufgabe hat, die Gesellschaft zu schützen, sich selbst auf die gleiche Stufe stellen wie ein Mörder?

Indem wir, d. h., die Gegnerinnen und Gegner der Todesstrafe, in die sich in absehbarer Zeit entwickelnden neuen Gespräche zwischen den USA und der EU indirekt intervenieren und uns mit der Forderung nach Abschaffung der Todesstrafe respektive einem sofortigen Moratorium auf internationaler Ebene zu Wort melden, machen wir die Frage der Todesstrafe zu einem Punkt innerhalb des sich neu definierenden Verhältnisses zwischen USA und EU (und vor allem USA und Merkel-BRD). Diese indirekte Intervention kann natürlich nur durch eine starke Basisbewegung vorgenommen werden, die das Thema und die Kritik an der Todesstrafe zum permanenten Punkt der internationalen Bürgerrechts- und Menschenrechtskämpfe macht.

In der dialektischen Zuspitzung heißt das: Wie in der Frage der Schließung des Gefangenenlagers Guantánamo wird die US-Regierung irgendwann dazu gezwungen sein, der EU auch in Sachen Todesstrafe ein Zugeständnis zu machen. Sie muss dieses Hindernis aus dem Weg räumen, um zu Einigungen in militärischen oder ökonomischen Fragen zu kommen, die für die USA (und die EU) von vitalem Interesse sind. Das wird aber nur passieren, wenn von unserer Seite alles dafür getan wird, dass das Thema Todesstrafe in der Öffentlichkeit und auf den Tischen der politischen Eliten ist.

### Vorteil: der Legitimationsverlust der US-Machtelite

Bereits in den ersten vier Jahren der Bush-Regierung hat sich vor allem an der Frage des Irak-Krieges ein dramatischer Legitimationsverlust gezeigt. Die Kriegslüge von Massenvernichtungswaffen in Irak, die Lüge der Zusammenarbeit zwischen Irak und Al-Qaida, die Aufdeckung der systematischen Folter an irakischen Gefangenen, die Existenz von Geheimgefängnissen und die Erschießung von Verletzten und Gefangenen haben die Realität der US-Machtpolitik deutlich gezeigt. Dabei spielt die Tatsache der völligen Negierung gültiger Rechtsnormen und des Völkerrechts durch die US-Regierung eine wichtige Rolle. Krieg, Gefangenschaft, Folter und Todesstrafe sind Ausdruck der Verfolgung politischer, militärischer und ökonomischer Ziele einer Machtelite, die bewusst im rechtsfreien Raum agiert und extralegale Mittel einsetzt.

Unser Argument: Die Lügen und konstruierten Beweise zur Durchsetzung von Kriegszielen und die Lügen und konstruierten Anklagen gegen Oppositionelle wie Mumia Abu-Jamal haben einen inneren Zusammenhang.

### Perspektiven der Arbeit in der BRD

In den Medien der BRD macht die US-Todesstrafenpraxis Schlagzeilen, ohne dass es hier in den letzten Jahren nennenswerte öffentliche Proteste gegeben hätte. Daraus könnte im Umkehrschluss die Erkenntnis gewonnen werden: würde die Forderung nach einem generellen Moratorium der Todesstrafe und nach einem neuen Prozess für Mumia Abu-Jamal heute von einer breiten Basisbewegung aus Friedens- und Menschenrechtsgruppen, unterstützt von der Bundestagsfraktion der Linkspartei/PDS, gezielt zum Thema gemacht, wäre die Offenheit von Medien und Gesellschaft so groß wie nie zuvor.

Die US-Regierung hat das Problem, dass sie hier nicht nur mit CIA-Entführungen, Folter und weiteren Verletzungen des Völkerrechts zunehmend in die Kritik und unter Druck gerät, sondern auch mit der Todesstrafe.

## Mumia Abu-Jamal als Symbol des Kampfes gegen die Todesstrafe

Angela Davis hat anlässlich ihrer Rede auf der 10. Rosa-Luxemburg-Konferenz am 8. Januar 2005 in Berlin erklärt:

> Ich möchte betonen, dass wir alle aufstehen sollten für die Freiheit von Mumia Abu-Jamal – nicht nur, weil er ein Opfer der Todesstrafe werden könnte, sondern auch, weil er einer der einflussreichsten intellektuellen Führer der Bewegung gegen die Todesstrafe in den USA und weltweit ist.

Auch Robert Bryan, Mumias Hauptanwalt, sagt es immer wieder:

> Es besteht jetzt die Chance, Mumia Abu-Jamals Todesurteil niederzuringen – wenn eine breite Solidaritätsbewegung zu handeln beginnt.

Das in Gang zu bringen, wird auch eine der konkreten Aufgaben des neuen Internationalen Komitees zur Abschaffung der Todesstrafe sein. Das Besondere an diesem Komitee ist die bereits mit seiner Gründung angelegte internationale Dimension seines Agierens. Gleichzeitig besteht es aber aus Landes-Sektionen, die sich in den USA, Frankreich, BR Deutschland (in Vorbereitung: England, Schweiz, Österreich, lateinamerikanische Länder) gründen und das für ihr Land spezifische Vorgehen planen und beschließen können. So weist es von Beginn an über ein Denken in nationalen Begrenztheiten hinaus und drückt durch seinen Namen, der Programm ist, gleichzeitig aus: Wir werden alles dafür tun, Mumia Abu-Jamal zu befreien, aber dies wird nur ein Schritt sein auf dem Weg zu endgültigen Abschaffung der Todesstrafe.

## Erste Erklärung des Internationalen Komitees zur Abschaffung der Todesstrafe

*„Wir fordern ein nationales Moratorium für die Todesstrafe in den USA und die sofortige Freilassung von Mumia Abu-Jamal aus der Todeszelle!"*

### 30 Jahre Wiedereinführung der Todesstrafe in den USA

Vor 30 Jahren, am 2. Juli 1976, wurde die Todesstrafe in den Vereinigten Staaten von Amerika wiedereingeführt. Vier Jahre lang war die Gesetzgebung der Todesstrafe zuvor außer Kraft gesetzt gewesen, weil der Oberste Gerichtshof der USA, am 29. Juni 1972, aufgrund der Klage 408 U.S. 238 (1972) des Todeskandidaten Furman gegen den Bundesstaat Georgia in einem 5-zu-4-Urteil entschieden hatte, dass diese Gesetze willkürlich und diskriminierend seien und deshalb den 8. Zusatz zur US-Verfassung verletzten, der „grausame und ungewöhnliche" Strafen verbietet. Die Furman-Entscheidung erklärte mehr als 600 Todesurteile für nichtig. Dennoch wurde damit die Todesstrafe nicht generell abgeschafft, weil nur zwei der Obersten Richter, William Brennan und Thurgood Marshall, die Todesstrafe insgesamt ablehnten. Infolgedessen verabschiedete die Mehrheit der US-Bundesstaaten neue Gesetze, damit künftige Todesurteile nicht mehr als Verletzung der Verfassung definiert werden könnten.

Dieser vorübergehende Sieg über die Todesstrafe war der juristische Ausdruck der gesellschaftlichen Umbrüche der 1960–70er Jahre, vor allem des Aufbegehrens der afroamerikanischen Bevölkerung gegen Armut und Rassismus und ihres Kampfes für Bürger- und Menschenrechte.

### Todestrakte und industrieller Gefängniskomplex

An dieser Situation hat sich seit der Wiedereinführung der Todesstrafe durch dasselbe Gericht am 2. Juli 1976 mit dem Urteil Gregg gegen Georgia, 428 U.S. 153 (1976), im wesentlichen nichts geändert. Mit dieser Entscheidung wurde die neue Todesstrafengesetzgebung gebilligt. Heute sind die US-Todestrakte voller denn je, und nach wie vor sind Hautfarbe und Armut die vorherrschenden Kriterien bei der Frage, wer im Todestrakt oder im Gefängnis landet und wer nicht.

Seit 1975 ist die Kriminalitätsrate in den USA konstant geblieben, in einigen Bereichen sogar gesunken. Trotzdem hat sich die Inhaftierungsrate in den USA in diesem Zeitraum vervierfacht, und die Rate der verhängten Todesurteile und der vollzogenen Hinrichtungen ist enorm angestiegen. Die Todesstrafe wird auf diskriminierende Weise angewendet. Sie ist Gesetz im Bundesgefängnissystems und in 38 von 50 US-Bundesstaaten. Die Todestrakte sind überproportional mit

Gefangenen belegt, die arm sind und Minderheiten angehören und die oft nur über eine unzureichende und fragwürdige Verteidigung verfügen. DNA-Tests und andere Beweismittel belegen in zunehmendem Maße, dass viele Todeskandidaten zu unrecht verurteilt wurden und bestärken damit den Verdacht, dass der Staat Menschen tötet, die nicht „schuldig im Sinne der Anklage" sind. Viele Gefangene gingen in den Tod und beteuerten bis zum letzten Atemzug ihre Unschuld. Über 122 Todeskandidaten mussten freigelassen werden, weil DNA-Tests oder andere Beweise ihre Unschuld bestätigten – einige von ihnen erst nach vielen qualvollen Jahren, in denen sie täglich auf ihren Henker warteten.

Diese Gefangenen, die den Todestrakt überlebten, haben öffentlich ihre warnenden Stimmen erhoben: Ihr Schicksal zeigt, dass die Dunkelziffer der unschuldig hingerichteten Männer und Frauen um ein Vielfaches höher sein muss. Aber vor allem erinnern uns ihre Stimmen daran, dass „verurteilt" noch lange nicht „schuldig" bedeutet und Jurys Fehlurteile fällen.

Es ist kein Wunder, dass auf jeden studierenden Afroamerikaner fünf kommen, die im Gefängnis sitzen, wenn die Regierung auf nationaler und lokaler Ebene die Ausgaben für Bildung senkt und für den Bau von neuen Gefängnissen erhöht. Die am schnellsten wachsende Gefangenengruppe sind schwarze Frauen. Mehr als 70 Prozent aller Gefangenen sind Afro- und Latino-Amerikaner. Die Gefangenen werden einer Situation absoluter Entrechtung und Ausbeutung unterworfen. In 46 US-Bundesstaaten verlieren Bürger ihr Wahlrecht, wenn sie wegen eines Verbrechens verurteilt sind. In 32 Staaten erhalten Verurteilte das Wahlrecht erst nach dem Ende der Bewährungszeit zurück. In 10 Staaten verlieren Bürger, die wegen eines Verbrechens verurteilt wurden, ihr Wahlrecht sogar auf Lebenszeit. Dies hat zur Folge, dass 13 Prozent der afroamerikanischen Bürger im Wahlalter auf Dauer ihr Wahlrecht verlieren.

Der industrielle Gefängniskomplex ist inzwischen ein wesentlicher Bestandteil der US-Wirtschaft. Die Ausbeutung im industriellen Gefängniskomplex bietet dem Privatkapital lukrative Investitionsmöglichkeiten, deren niedrige Kosten nur mit Billiglohnländern der „Dritten Welt" vergleichbar sind. Mit dem 13. Zusatzartikel zur US-Verfassung wurde die Sklaverei und Zwangsarbeit abgeschafft, „ausgenommen als Strafe für ein Verbrechen aufgrund eines rechtmäßigen Urteils". Allein die Privatgefängnisse mit ihren über 100.000 Gefangenen erzielen einen jährlichen Umsatz von 40-50 Milliarden US-Dollar. Mit dem industriellen Gefängniskomplex ist in der US-Gesellschaft eine neue Segregation entstanden, deren Kern eine moderne Form der Sklaverei darstellt.

## Verletzung der Menschenrechte, Bruch des Völkerrechts

Die Situation der über 3500 Gefangenen in den Todestrakten und der mehr als zwei Millionen Gefangenen im industriellen Komplex der Bundes-, Staats- und Privatgefängnisse ist ein Ausdruck der Zuspitzung der sozialen und politischen Widersprüche in den USA zu Lasten der Armen und Minderheiten. Sie sind zu Sündenböcken einer Nation geworden, deren Rechtsprechung von einer Lynch-Mob-Mentalität geprägt wird.

Während die US-Regierung unter dem Vorwand des „Krieges gegen den Terror" und unter Bruch des Völkerrechts ihre Macht- und Einflusszonen und den Raub der Energieressourcen im Ausland militärisch sichern, hat im Inland eine Tochterfirma von Halliburton im Juni 2006 vom Heimatschutzministerium den Auftrag erhalten, für 385 Millionen US-Dollar „provisorische Gefangenenlager" zu errichten. Diese Lager könnten im Falle der Verhängung des Kriegsrechts im Innern dazu dienen, US-Bürger zu internieren. Eine Art Guantánamo-Lager für die „Heimat", in denen für Gefangene weder Bürger- noch Menschenrechte gelten.

## Erster Schritt: ein Moratorium

Die Todesstrafe muss abgeschafft werden! Sie ist barbarisch, inhuman und grundsätzlich unangemessen, selbst wenn Fehlurteile und Diskriminierungen ausgeschlossen werden könnten.

Als ersten Schritt fordern wir deshalb ein nationales Moratorium der Todesstrafe. Von 38 US-Bundesstaaten, in denen die Todesstrafe Gesetz ist, haben 12 ihre Anwendung durch ein Moratorium ausgesetzt. Von weiteren wird dies erwogen.

Als Indikator für die Dringlichkeit der Forderung nach einem Moratorium mag gelten, dass der Oberste Gerichtshof in seinem jüngsten Urteil einem Gefangenen in Florida das Recht zugesprochen hat, die Hinrichtungsmethode mit der Giftspritze durch eine Klage wegen Verletzung seiner Bürgerrechte anzugreifen. Streitgegenstand ist der Vorwurf, die Hinrichtung mit der Giftspritze verursache „unnötige Schmerzen". Mehrere US-Bundesstaaten mussten deshalb wegen der qualvollen Methode, mit der der Staat seine Opfer tötet, Hinrichtungen aussetzen.

In Europa haben die Erfahrungen mit dem Staatsterror während des deutschen Faschismus dazu geführt, dass nach dem Zweiten Weltkrieg mehr und mehr Staaten die Abschaffung der Todesstrafe zum Verfassungsgrundsatz erhoben haben. Auch die USA können durch den massiven Druck einer nationalen und internationalen Basisbewegung dazu gezwungen werden, diesen Schritt endlich zu vollziehen.

## Freiheit für Mumia Abu-Jamal

Der Journalist und Autor Mumia Abu-Jamal aus Philadelphia, dem ein faires Verfahren verweigert wurde, ist einer der Gefangenen, die unschuldig in der Todeszelle sitzen. Wenn ihm endlich ein neues und faires Verfahren mit einer hochkarätigen Verteidigung garantiert würde, wie es eine internationale Kampagne seit mehr als zwei Jahrzehnten fordert, dann wäre das Ergebnis sicher ein völlig anderes. In den 25 Jahren seiner Haft hat er nicht nur einen mutigen Kampf für ein neues Verfahren, sondern generell gegen die Todesstrafe geführt. Mit seinen Schriften und Hörfunkbeiträgen gegen die Todesstrafe, gegen Unrecht, Rassismus und Krieg ist Mumia Abu-Jamal zu einem anerkannten Autor und Sprecher all jener geworden, die sich diesen Überbleibseln der Barbarei widersetzen. Wie kein zweiter hat Mumia Abu-Jamal dem Kampf gegen die Todesstrafe ein Gesicht gegeben. Er ist zu einem wichtigen Symbol dieses Kampfes geworden und darf deshalb nicht jenen Kräften ausgeliefert bleiben, die seine Hinrichtung in einen Sieg über alle Gegner der Todesstrafe verwandeln wollen. Wir stehen deshalb fest an seiner Seite und fordern mit ihm ein neues und faires Verfahren und seine sofortige Freilassung aus dem Todestrakt.

Verwandeln wir den 2. Juli in einen Tag, der uns in jedem Jahr an die Notwendigkeit der endgültigen Abschaffung der Todesstrafe erinnert – bis wir sie und ihre Befürworter überwunden haben. Bringen wir den Obersten Gerichtshof dazu, seinen Job zu Ende zu bringen.

*Wir fordern deshalb alle Basisbewegungen, demokratischen Kräfte und Verteidiger der Menschenrechte und des Völkerrechts weltweit dazu auf, diese Forderungen unüberhörbar öffentlich zu erheben:*

*   *Abschaffung der Todesstrafe in den USA und weltweit!*
*   *Sofortige Freilassung von Mumia Abu-Jamal und Garantien für ein neues faires Verfahren!*

2. Juli 2006

USA:
Prof. Angela Y. Davis, Santa Cruz / Robert R. Bryan, Rechtsanwalt, San Francisco / Charlene Mitchell, Stellv. Vorsitzende Committees of Correspondence for Democracy & Socialism /

Frankreich:
Henri Alleg, Journaliste-Autor, Palaiseau / Gilberte Salem, Übersetzerin, Palaiseau /

Deutschland:
Detlef Baade, Betriebsrat; Rolf Becker, ver.di Hauptvorst. HH; Prof. Dr. Lothar Bisky, Parteivors. Linkspartei.PDS, MdB; Dr. Oliver Brüchert, Soziologe; Peter O. Chotjewitz, Autor; Sevim Dagdelen, MdB; Dr. Diether Dehm, MdB; Prof. Wolfram Elsner, Ökonom; Christiane Ensslin, Redakteurin; Prof. Dr. Johannes Feest, Strafvollzugsarchiv Uni HB; Claus Förster, Rechtsanwalt; Christian Geissler, Autor; Peter Gingold, Bundessprecher der VVN-BdA, Vize-Vors. d. Auschwitzkomitees; Dr. Rolf Gössner, Rechtsanwalt, Präsident Internat. Liga f. Menschenrechte; Victor Grossman, Journalist; Lühr Henken, Bundesausschuss Friedensratschlag; Ulla Jelpke, MdB, Innenp. Sprecherin Die Linke; Walter Kaufmann, Autor; Sabine Klein-Schonnefeld, Soziologin/Juristin; Sabine Kruse, Erich-Mühsam-Gesellschaft; Oskar Lafontaine, MdB, Fraktionsvorsitzender d. Linkspartei; Felicia Langer, Rechtsanwältin; Herbert Leuninger, Pfarrer, Mitbegr. PRO ASYL; Willi van Ooyen, Vors. d. Friedens- und Zukunftswerkstatt; Ulf Panzer, Richter, IALANA; Norman Paech, Völkerrechtler, MdB; Sabine Peters, Autorin; Erhard Pumm, DGB-Vorsitzender HH; Prof. Dr. Werner Ruf; Horst Schäfer, Journalist; Horst Schmitthenner, Beauftragter d. Vorstandes d. IG Metall; Dr. Heinz Jürgen Schneider, Rechtsanwalt; Wilfried F. Schoeller, Generalsekretär d. P.E.N.-Zentrums Deutschland; Prof. Dr. Herbert Schui, MdB; Eckart Spoo, Journalist; Dr. Martin Stankowski, Journalist; Johano Strasser, Präsident des P.E.N.-Zentr. Deutschl.; Dr. Peter Strutynski, Bundesausschuss Friedensratschlag; Reinhard Thiele, Cuba Sí-AG der Linkspartei.PDS; Mag Wompel/Ralf Pandorf, Redaktion LabourNet.


Kontakt:

Internationales Komitee zur Abschaffung der Todesstrafe/
International Committee to Abolish the Death Penalty (ICADP)
c/o IVK Bremen
P.O.Box 150530
D–28095 Bremen

Fon/Fax: (421) 354029
Mobil/cell: 0174–972 99 29

E-Mail: info@freedom-now.de
oder: atlantik@brainlift.de

Website: www.freedom-now.de (hier ist die „Erste Erklärung" auch in französischer und englischer Sprache zu finden)

**Die Verteidigung braucht dringend Spenden
(Aktueller Aufruf im Internet:
http://www.freedom-now.de/news/artikel313.html)**

Spendenkonto für BR Deutschland und umliegendes europäisches Ausland:
Unter dem Stichwort „Verteidigung" Spenden bitte an:

Archiv 92/Sonderkonto Jamal
S.E.B. Bank Bremen
Konto-Nr. 100 8738 701 (BLZ 290 101 11)
(Überweisungen aus EU-Ländern:
IBAN DE78 2901 0111 1008 7387 01 – BIC: ESSEDDE5F290)

# Vertonungen von Mühsam-Gedichten

## *(Isabel Neuenfeldt)*

### DER REVOLUZZER

Text: Erich Mühsam 1907
Musik: Isabel Neuenfeldt 2004

Strophen 1-7

War einmal ein Revoluzzer im Zivielstand Lampenputzer

Strophe 8
gesprochen

ging im Revoluzzerschritt mit den Revoluzzern mit.

Dann ist er zuhaus und hat dort ein Buch
geblieben geschrieben:

gesungen

nämlich, und dabei doch Lalalalalala.....
wie man revoluzzt Lampen putzt. (zäh)

(a tempo)

# EINZELHAFT

Text: Erich Mühsam
Musik: Isabel Neuenfeldt    Mai 2006

*Melodie*

Men - schen, die hei - ße Her - zen nicht ken - nen,

*Akk - Bass*

*Melodie*

wit - tern Ge - fahr von ih - rem Schlag und

*Akk - Bass*

*Melodie*

sin - nen, ihr Seh - nen aus - zu bren - nen,

*Akk - Bass*

*Melodie*

auf neu - e Qua - len an je - dem Tag. Die

*Akk - Bass*

*Melodie*

Tür mit Schlös - sern und Bol - zen ver - rie - gelt, ein

*Akk - Bass*

*Melodie*

121
... könnt den Leib des Re - bel - len bra - ten, das

*Akk - Bass*

*Melodie*

125
Herz und die See - le ver - sengt ihr ihm nicht!

*Akk - Bass*

# Bildnachweis

EMG, Lübeck: U1, 1, 8, 14, 20, 37, 106–109. Abdruck aus: Gerd W. Jungblut (Hrsg.), In meiner Posaune muß ein Sandkorn sein. Briefe 1900–1934. Vaduz: Topos 1984: 29, 41, U4

Felicia Langer, Tübingen: 117, 119

Isabel Neuenfeldt, Berlin: 155–163

Staatsarchiv München: 97–105

Vielen Dank für die Genehmigung des Drucks der Abbildungen.

# Publikationen der Erich-Mühsam-Gesellschaft

Die EMG gibt zwei Publikationsreihen heraus: das „Mühsam-Magazin" und die „Schriften der Erich-Mühsam-Gesellschaft". Bisher sind erschienen:

## Mühsam-Magazin:

| | |
|---|---|
| Heft 1 (1989): | (vergriffen) |
| Heft 2 (1990): | (vergriffen) |
| Heft 3 (1992): | (vergriffen) |
| Heft 4 (1994): | Mit der unveröffentlichten Erzählung „Tante Klodt" von Erich Mühsam |
| Heft 5 (1997): | Mit dem Sylter Tagebuch (1891) von Erich Mühsam |
| Heft 6 (1998): | Mit Materialien zum Streit um die Mühsam-Rechte |
| Heft 7 (1999): | Mit Materialien der Tagung „Erich Mühsam und die Kunst" und der Preisverleihung 1997 |
| Heft 8 (2000): | Mit „Im Nachthemd durchs Leben" (1914) von Reinhard Koester, Carl Georg von Maaßen und Erich Mühsam |
| Heft 9 (2001): | Mit Materialien zum Verhältnis Erich Mühsams zu Senna Hoy, Oskar Maria Graf und Emmy Hennings |
| Heft 10 (2003): | Mit Materialien zur Rettung der Lübecker Löwen-Apotheke und zur Roten Hilfe |
| Heft 11 (2006) | Mit Beiträgen zu Margarethe Faas-Hardegger, Johannes Nohl und Peter Hille |

## Schriften der Erich-Mühsam-Gesellschaft:

| | |
|---|---|
| Heft 17 (1999): | Dietrich Kittner: Kleine Morde – Große Morde – Deutsche Morde / Zur Verleihung des Erich-Mühsam-Preises 1999 (vergriffen) |
| Heft 18 (2000): | Thomas Dörr: „Mühsam und so weiter, was waren das für Namen …" – Zeitgeist und Zynismus im nationalistisch-antisemitischen Werk des Graphikers A. Paul Weber (vergriffen) |
| Heft 19 (2000): | Anarchismus und Psychoanalyse zu Beginn des 20. Jahrhunderts – Der Kreis um Erich Mühsam und Otto Gross |
| Heft 20 (2002): | „Bücher kann man nicht umbringen" – Zur Verleihung des Erich-Mühsam-Preises 2001 an Mumia Abu-Jamal |
| Heft 21 (2002): | Erich Mühsam und das Judentum |
| Heft 22 (2003): | Das Tagebuch im 20. Jahrhundert – Erich Mühsam und andere |
| Heft 23 (2004): | Ausstellung zum 125. Geburtstag Erich Mühsams – Festschrift mit Preisverleihung an die „junge Welt" |
| Heft 24 (2004): | „Sei tapfer und wachse dich aus." Gustav Landauer im Dialog mit Erich Mühsam – Briefe und Aufsätze. Herausgegeben und bearbeitet von Christoph Knüppel |
| Heft 25 (2004): | Die Rote Republik. Anarchie- und Aktivismuskonzepte der Schriftsteller 1918/19 und das Nachleben der Räte – Erich Mühsam, Ernst Toller, Oskar Maria Graf u. a. |
| Heft 26 (2005): | „Den Schwachen zum Recht verhelfen" – Erich-Mühsam-Preis 2005 an Felicia Langer |
| Heft 27 (2006): | Von Ascona bis Eden – Alternative Lebensformen |
| Heft 28 (2007) | „Eingesperrt sind meine Pläne names der Gerechtigkeit." – Politische Haft, Folter, Todesstrafe: Erich Mühsam und andere |

Soweit die Hefte nicht vergriffen sind, können sie bei der EMG oder im Buchhandel erworben werden.

Stand: 08/2006

# Erich-Mühsam-Gesellschaft e. V., Lübeck

1. Buddenbrookhaus, Mengstr. 4, 23552 Lübeck
2. Sabine Kruse, Charlottenstr. 23, 23560 Lübeck

http://www.erich-mühsam.de
http://www.buddenbrookhaus.de
eMail: info@buddenbrookhaus.de

---

Längst überfällig war sie. Seit dem 111. Geburtstag am 6.4.1989 existiert sie und soll mit **Ihrer** Unterstützung lebendige Arbeit leisten.

Aufgabe der Erich-Mühsam-Gesellschaft ist es, das Andenken des Schriftstellers zu erhalten, in seinem Geist die fortschrittliche, friedensfördernde und für soziale Gerechtigkeit eintretende Literatur zu pflegen und seine Absage an jede Unterdrückung, Gewalt und Diskriminierung von Minderheiten für die Gegenwart zu nutzen.
Unsere Pläne:

- Aufbau eines Archivs in Lübeck
- Schaffung eines Erich-Mühsam-Museums in Lübeck
- Lesungen und Inszenierungen
- Vorträge und Seminare
- Förderung der wissenschaftlichen Forschung
- Herausgabe weiterer Hefte der Schriftenreihe und des Magazins
- Vergabe eines Erich-Mühsam-Preises

Ein früherer Lübecker Bürgermeister hat – bezogen auf Thomas und Heinrich Mann sowie Erich Mühsam – gesagt: „Dass die auch gerade alle aus Lübeck sein müssen – was sollen die Leute im Reich von uns denken!" Nun – die Brüder Mann mussten emigrieren, Mühsam wurde auf grausame Weise 1934 im KZ Oranienburg ermordet. Das „Reich" ging kaputt ...

Der Schriftsteller, Dramatiker, Bänkelsänger, Lyriker, Zeichner, Essayist, antimilitaristische Agitator und Journalist Erich Mühsam gehört zu den bedeutendsten und vielseitigsten kritischen Talenten Deutschlands im frühen 20. Jahrhundert. Es gilt, diesen wichtigen Sohn Lübecks, der für Frieden und Freiheit kämpfte, in das Bewusstsein der Öffentlichkeit zu bringen.

Die Erich-Mühsam-Gesellschaft e. V. ist vom Finanzamt Lübeck nach § 5, Abs. 1 Nr. 9 KstG mit Steuernummer 662-HL als gemeinnützig anerkannt.